D1730460

Diese Persönliche
Chronik ist für:

# Das Buch vom

## 7.

# DEZEMBER

*Ein ganz besonderer Tag*

## ... ein ganz besonderer Tag

W ichtige Namenspatrone des siebten Dezembertages sind der heilige Ambrosius, der 379 als Bischof von Mailand starb, und der heilige Gerald, bis zu seinem Tod 1077 Bischof von Ostia.

In Venezuela feiern die Menschen am 7. Dezember das Fest von der »Teufelsaustreibung«, das den Beginn der Weihnachtszeit markiert.

In der Weltgeschichte erscheint der 7. Dezember als Datum außergewöhnlich wichtiger Ereignisse:

**1431** erlebte Heinrich VI. von England seine Krönung zum französischen König.

**1787** trat Delaware als erster Staat den neugegründeten »Vereinigten Staaten von Amerika« bei.

**1835** nahm die erste Eisenbahn in Deutschland auf der Strecke Nürnberg–Fürth den Betrieb auf.

**1941** griffen japanische Flugzeuge den US-Stützpunkt Pearl Harbor an und lösten den Eintritt Amerikas in den Zweiten Weltkrieg aus.

Viele berühmte Menschen haben am 7. Dezember Geburtstag: Pietro Mascagni, Wegbereiter des »Verismo« in der Oper, wurde an diesem Tag 1863 geboren. Portugals Vater der Demokratie, Mário Soares, kam 1924 zur Welt. Genau 25 Jahre später wurde der Sänger Tom Waits geboren.

# Im Zeichen des Schützen
## 23. November bis 21. Dezember

Die Geburtstagskinder des 7. Dezember können sich glücklich schätzen, denn sie sind unter dem Tierkreiszeichen des Schützen zur Welt gekommen. Der Schütze ist das am weitesten entwickelte Feuerzeichen und vereint in sich viele positive Charaktereigenschaften: Schützegeborene gelten als entscheidungsfreudig, optimistisch und sind arbeitsfreudige Zeitgenossen. Im Privaten wie in der Arbeitswelt fliegen ihnen die Sympathien wegen ihrer unerschütterlich guten Laune und ihrer zupackenden, lösungsorientierten Art zu. Bei Schützemenschen fühlt man sich geborgen und in sicherer Hand.

Diese positiven Aspekte belegen die Traumkarrieren einiger Schützen: Steven Spielberg, schon in jungen Jahren der erfolgreichste Regisseur aller Zeiten, ist ebenso ein Schütze wie Don Johnson, der Inbegriff des Sonny-Boy. Wegweisende Politiker wie Willy Brandt und Winston Churchill sind unter diesem Tierkreiszeichen geboren. In der Kunst haben sich die Schützegeborenen Edith Piaf, Maria Callas und Otto Dix einen Platz im Olymp gesichert.

Probleme haben Schützemenschen, wenn sie ihre Grenzen spüren. Sie reagieren vielfach mit totalem Rückzug. Ein extremes Beispiel ist das Schicksal der Künstlerin Camille Claudel.

# 1900-1909

## *Highlights des Jahrzehnts*

............ *1900* ............

- Weltausstellung in Paris
- Niederschlagung des Boxer-aufstandes in China
- Uraufführung der Oper »Tosca« von Giacomo Puccini in Rom
- Probefahrt des ersten Zeppelins »LZ 1«

............ *1901* ............

- Die britische Königin Victoria stirbt
- Erste Nobelpreise verliehen
- Thomas Mann veröffentlicht die »Buddenbrooks«
- Mordattentat auf US-Präsident McKinley, Theodore Roosevelt wird Nachfolger

............ *1902* ............

- Beendigung des Burenkrieges in Südafrika
- Krönung Eduards VII. zum König von Großbritannien
- Inbetriebnahme der Transsibirischen Eisenbahn
- Kunstströmung »Jugendstil« auf dem Höhepunkt

............ *1903* ............

- Serbischer König Alexander I. ermordet
- Erste Tour de France
- Erster Motorflug der Brüder Wright
- Kampf der Suffragetten um das Frauenwahlrecht
- Margarethe Steiff präsentiert den »Teddy-Bären«

............ *1904* ............

- Hereroaufstand in Deutsch-Südwestafrika
- Beginn des Russisch-Japanischen Krieges

- Arthur Korn gelingt die erste Bild-telegraphie

............ *1905* ............

- Petersburger »Blutsonntag«
- Tangerbesuch Wilhelms II. führt zur Ersten Marokkokrise
- Albert Einstein entwickelt »Spezielle Relativitätstheorie«
- Künstlergemeinschaft »Die Brücke« wird gegründet

............ *1906* ............

- Revolutionäre Unruhen und erstes Parlament in Rußland
- Roald Amundsen duchfährt die Nordwestpassage
- Dreyfus-Affäre beigelegt
- Erdbeben verwüstet San Francisco

............ *1907* ............

- Pablo Picasso malt »Les Demoiselles d'Avignon« und begründet den Ku-bismus
- Erste Farbfotografien von Louis Jean Lumière

............ *1908* ............

- Ford baut Modell T (»Tin Lizzy«)
- Österreich-Ungarn annektiert Bos-nien und Herzegowina
- Durchbruch der olympischen Idee bei Spielen in London
- 30 000 Jahre alte Statuette (Venus von Willendorf) gefunden

............ *1909* ............

- Robert E. Peary erreicht als erster Mensch den Nordpol
- Louis Blériot überfliegt den Ärmel-kanal
- Unruhen in Persien: Schah Moham-med Ali dankt ab

◀ **Das Flatiron Building, New Yorks erster Wolkenkratzer (1902)**

*Freitag 7. Dezember*

 *Politik*

**Die Kolonialmacht Großbritannien** steht auf der Anklagebank. 3000 Delegierte der Nachfahren holländischer Bauern (»Buren«) protestieren in der Kapkolonie gegen die Brutalität, mit der die britischen Truppen die Unabhängigkeitsbestrebungen der Buren bekämpft. Großbritannien gewinnt diesen Burenkrieg 1901, steht aber im Kreuzfeuer der Kritik. Buren-Präsident Paulus »Ohm« Krüger befindet sich zur Zeit auf einer Reise durch Europa. In fast allen Staaten des Kontinents wird er mit Achtung, in Deutschland und den Niederlanden sogar mit Begeisterung empfangen.

 *Politik*

**Die Kosten der China-Expedition** läßt Reichskanzler Bülow vom deutschen Reichstag absegnen. Die Erhebung Chinas gegen die Kolonialmächte Deutsches Reich, Großbritannien, Frankreich, Rußland, USA und Japan hatte im Sommer die Bildung der ersten multinationalen Invasionsarmee der Geschichte zur Folge.

 *Wetter*

**Im Dezember 1900** ist besonders schönes Wetter. Die Durchschnittstemperatur liegt mit 3,4 °C weit über dem langjährigen Mittel von 0,7 °C.

## 1901

### *Samstag 7. Dezember*

---

#### *Kultur*

**Der Stern der Geraldine Farrar** geht auf. Die Zeitschrift »Die Woche« berichtet, daß die 19jährige Amerikanerin ein Engagement an der Königlichen Oper Berlin erhält. Seit einem Jahr ist die Sopranistin in Europa und wird in den höheren Kreisen als größtes lebendes Talent gefeiert. Für sechs Jahre bleibt die Farrar in Berlin, dann kehrt sie nach New York zurück. Dort singt sie an der Metropolitan Opera.

**Preise in den Jahren 1900–1909**

| | |
|---|---|
| 1 kg Butter | 2,46 |
| 1 kg Mehl | 0,35 |
| 1 kg Fleisch | 1,55 |
| 1 Ei | 1,05 |
| 1 l Vollmilch | 1,00 |
| 10 kg Kartoffeln | 0,65 |

in Mark, Stand 1905

---

#### *Gesellschaft*

**Ein Riesenauflauf** bildet sich vor dem Frankfurter Bahnhof. Die Menschen wollen die Zeugnisse des kuriosen Unfalls von gestern betrachten, als ein Zug nicht mehr bremsen konnte und im Wartesaal der 1. und 2. Klasse zum Stehen kam. Verletzt wurde niemand.

---

#### *Wetter*

**Mit höheren Temperaturen** als gewöhnlich geht das Jahr zu Ende. Im Dezember 1901 sinkt das Thermometer nur auf 1,6 °C, während der langjährige Mittelwert bei 0,7 °C liegt.

# 1902

 *Gesellschaft*

**Der mysteriöse Tod** ihres Arbeitgebers ist Thema Nummer eins bei den Gedenkveranstaltungen der Krupp-Belegschaften in Essen, Bochum und Kiel. Im November war Friedrich Alfred Krupp mit nur 49 Jahren in der Villa Hügel gestorben – offiziell an Herzversagen. Viele vermuten jedoch, daß der Führer eines der größten Industrieunternehmen der Welt freiwillig aus dem Leben geschieden ist. Eine Woche zuvor hat ein Artikel im sozialdemokratischen »Vorwärts« den Krupp-Skandal ausgelöst: Der Autor des Artikels berichtete minuziös und scheinbar kenntnisreich über Krupps nicht gesellschaftsgemäße Vergnügungen auf der Mittelmeerinsel Capri. Dort soll er seinen homosexuellen Neigungen nachgegangen sein – eines der absoluten Tabus in der deutschen Kaiserzeit. Die Homosexualität Krupps war aber längst bekannt, wie 1918 veröffentlichte Akten zeigen.

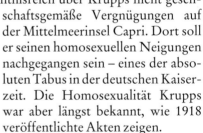

### Rekorde 1900–1909

**400 m:** Maxey Long (USA) – 47,8 sec (1900)

**Weitsprung:** Peter O' Connor (IRL) – 7,61 m (1901)

**Stabhochsprung:** Walter Dray (USA) – 3,90 m (1908)

**Kugelstoßen:** R. Rose (USA) – 15,56 m (1909)

 *Wetter*

**Freundlich, aber relativ kühl** zeigt sich der Dezember 1902. Die durchschnittliche Temperatur liegt mit –1,8 °C erheblich unter dem langjährigen Mittelwert.

# 1903

## Montag 7. Dezember

**Die Einmischung in Panama** rechtfertigt US-Präsident Theodore Roosevelt vor dem Kongreß. Die USA haben das bis November zu Kolumbien gehörende Gebiet zur Unabhängigkeit geführt – die de facto zunächst eine neue Abhängigkeit von den USA bedeutet. In Panama soll an der schmalsten Stelle Lateinamerikas der Doppelkontinent für eine Schiffahrtsverbindung zwischen Atlantik und Pazifik »durchstochen« werden. 1914 wird der Kanal fertiggestellt, dessen Gebiet als US-Territorium gilt (»Panamakanalzone«).

**Gegen die Unterdrückung Finnlands** protestiert der frühere russische Minister Witte. In dem zu Rußland gehörenden Territorium herrscht seit April Sonderrecht. Dem Zaren sind die Finnen zu liberal. Als die Beschränkungen 1906 fallen, beweisen die Finnen ihre Fortschrittlichkeit: Als erstes Land der Welt führen sie das Frauenwahlrecht ein.

**Wesentlich trockener** als in den Vorjahren bleibt der Dezember diesmal. Mit 10,9 mm liegt die Niederschlagsmenge weit unter dem langjährigen Mittelwert von 41 mm.

# 1904

 _Gesellschaft_

**Lübeck muß seine Lotterie aufgeben,** weil Preußen die Handelsstadt zur Unterzeichnung eines Vertrages zwingt. Nur noch Lose preußischer Lotterien dürfen in Lübeck verkauft werden – die Stadt erhält von Preußen pauschal 200 000 Mark jährlich als »Ausfallentschädigung«. Der deutsche Lotteriemarkt ist heiß umkämpft, da das Glücksfieber der Bevölkerung den öffentlichen Lotterien hohe Einnahmen verspricht. Preußen kegelt alle Länder-Konkurrenten bis auf Sachsen und Hamburg aus dem Spiel. In Deutschland wird bereits seit 1610 Lotto gespielt, als die Hamburgische Klassenlotterie aufmachte.

 _Gesellschaft_

**Die Stinnes-Zeche Bruchstraße** in Langendreer muß nach zweitägigem Streik der Bergarbeiter die Schichtverlängerung zurücknehmen. Der Streik ist nur ein Vorbote für den Arbeitskampf 1905, als 50 000 Kumpel den »Ruhrpott« lahmlegen.

 _Wetter_

**Mildes und feuchtes Wetter** bestimmt den Dezember 1904. Mit 3,5 °C bleibt es ungewöhnlich warm. Meist als Regen fällt der Niederschlag; mit 45,9 mm mehr als im langjährigen Durchschnitt (41 mm).

# 1905

*Donnerstag 7. Dezember*

---

*Politik*

**Mehr Schiffe und U-Boote** verlangt Alfred Tirpitz, der Vater der deutschen Flotte, vor dem Reichstag. Mindestens sechs große Kreuzer und 48 U-Boote brauche die Marine, um Großbritannien unter Druck zu setzen. Tirpitz hat die Idee, Großbritannien würde in einem Krieg neutral bleiben, wenn es die deutsche Flotte fürchten müßte. Genau das Gegenteil ist der Fall: Die deutsch-britische Flottenrivalität verschärft die internationale Situation und ist einer der indirekten Auslöser für den Ersten Weltkrieg.

---

*Gesellschaft*

**Die erste russische Revolution** fordert ein prominentes Opfer: In Saratow erschießt ein revolutionärer Schlossergeselle den Adjutanten von Zar Nikolaus II., Viktor Sacharow. Die Erhebungen gegen Armut, Not und Unterdrückung werden Ende 1905 niedergeschlagen.

**Stars der Jahre
1900–1909**

**Isadora Duncan**
Tänzerin
**Gustav Mahler**
Komponist / Dirigent
**Anna Pawlowa**
Tänzerin
**Sarah Bernhardt**
Schauspielerin
**Orville / Wilbur Wright**
Flieger

---

*Wetter*

**Relativ warm** und fast niederschlagsfrei ist der Dezember in diesem Jahr. Das Thermometer sinkt nur selten unter den Gefrierpunkt.

*Freitag 7. Dezember*

 *Politik*

**Frankreichs Parlamentariern** fällt die Verabschiedung der Algeciras-Akte leicht. Der international ausgehandelte Vertrag sichert Frankreich weitreichende Rechte im nordafrikanischen Marokko zu. Im spanischen Algeciras hat das Deutsche Reich seinen Wunsch nach größerer Beteiligung in Marokko nicht durchsetzen können. Die Algeciras-Akte beendete offiziell die 1. Marokkokrise von 1905, die ebenso wie die 2. Marokkokrise 1911 fast zu einem deutsch-französischen Krieg führt.

 *Politik*

**Das britische Unterhaus** protestiert gegen die Eingriffe, die das Oberhaus an einem Schulgesetz vorgenommen hat. Die gewählten Parlamentarier im Unterhaus fordern eine Entmachtung der adeligen Herrn im Oberhaus, die noch bis 1910 Einfluß auf die Politik nehmen. Besonders die Liberale Partei kämpft gegen die politische Stellung des Oberhauses, dessen Sitze vererbt werden.

 *Wetter*

**Anhaltende Schneefälle** und Temperaturen bis zu −10 °C sorgen im Dezember 1906 für eine weiße Weihnacht. Der eisige Ostwind beschert einen der kältesten Winter seit Beginn des Jahrhunderts.

*Samstag* **7.** *Dezember*

*Kultur*

**Gustav Mahler** nimmt nach zehn Jahren Abschied von der Wiener Hofoper. Der Chefdirigent und künstlerische Direktor hatte zunehmend Schwierigkeiten bei der Arbeit, weil sein Arbeitseifer vielfach als Übereifer gewertet wurde. Der letzte Repräsentant der europäischen Sinfonik der Spätromantik hat bereits ein neues Arbeitsfeld gefunden: Als Gastdirigent geht er an die New Yorker Metropolitan Opera.

*Gesellschaft*

**Für mindestens 500 Minenarbeiter** im amerikanischen Fairmont in West Virginia besteht keine Hoffnung mehr. Die Suche nach Verschütteten nach der gestrigen Kohlenstaubexplosion wird eingestellt. Es ist das bislang schwerste Minenunglück in den USA.

> Der Bürgermeister von Deutsch-Oth im 1871 von Deutschland annektierten Elsaß-Lothringen wird vom örtlichen Kriegerverein von allen Festen ausgeschlossen. Er hat von der französischen Regierung die Auszeichnung »Palmes académiques« angenommen – und damit in den Augen der Veteranen »Landesverrat« begangen.

*Wetter*

**Fast Frühlingsstimmung** herrscht im Dezember 1907. Anders als im Vorjahr bestimmt laue Luft mit einer Durchschnittstemperatur von 1,6 °C und anhaltenden Regengüssen das Wetter.

# 1908

## Montag 7. Dezember

»Linie ohne Bauch«:
Das Korsett, ein
modisches Muß für
die elegante Frau

**Das amerikanische Duo** MacFarland/Moran ist beim 13. New Yorker Sechstagerennen der glückliche Sieger. Nach 142 Rennstunden und 4404 in gut 3600 Runden zurückgelegten Kilometern verweisen die Amerikaner mit gerade einer Radlänge die Vorjahressieger, das deutsch-niederländische Duo Rütt/ Stohl, auf den zweiten Platz. Rütt/ Stohl begründen mit ihren Erfolgen aber die europäischen Sechstage-Traditionen: Ab März 1909 geht es auch in Berlin über 142 Stunden.

 *Gesellschaft*

**Der Kirchenkritiker** Josef Schnitzler beugt sich dem Willen des Papstes. Er lehnt eine Professur in München ab, weil ihm Pius X. im Falle einer Lehrtätigkeit mit der Exkommunikation droht.

*Wetter*

**Kalt und fast niederschlagsfrei** ist der Dezember 1908. Das Thermometer fällt auf durchschnittlich –0,9 °C. Die Niederschlagsmenge von 11 mm liegt weit unter dem langjährigen Mittelwert (41 mm).

**Dienstag 7. Dezember**

**Ein Disput zwischen Pariser Studenten** nach den Vormittagsvorlesungen weitet sich zu Straßenschlachten aus. Royalistische und republikanische Studentengruppen prügeln sich durch das Quartier Latin, dem traditionellen Pariser Studentenviertel. Frankreich ist seit 1870 offiziell Republik. Die Idee der Monarchie, des Bonapartismus, hat aber noch immer viele Anhänger, die damit gleichzeitig nationale Größe verbinden.

**Neuer Chef bei Krupp** ist der Diplomat Gustav von Bohlen und Halbach, der 1906 die Alleinerbin Bertha Krupp geheiratet hat. Seitdem führt er den Namen Krupp vor seinem eigenen, was ihm durch ein eigenes Gesetz juristisch gestattet wurde. Er übernimmt nun den Aufsichtsratsvorsitz in dem 250 Millionen schweren Familienbetrieb.

Gute Figur in Sakkoanzug und Wettermantel: Die Mode für den Herrn

*Wetter*

**Bei mildem Wetter** um 2,6 °C fallen im Dezember 1909 fast täglich Niederschläge.

# 1910-1919

## Highlights des Jahrzehnts

### 1910

- Georg V. wird nach dem Tod Eduards VII. britischer König
- Der Halleysche Komet passiert die Erde
- Bürgerliche Revolution beendet Monarchie in Portugal
- Wassily Kandinsky begründet die abstrakte Malerei
- Sieg des Schwarzen Jack Johnson bei Box-WM

### 1911

- Bürgerkrieg in Mexiko
- »Panthersprung nach Agadir« löst Zweite Marokkokrise aus
- Militärputsch leitet chinesische Revolution ein
- Roald Amundsen gewinnt den Wettlauf zum Südpol

### 1912

- Erster Balkankrieg
- Woodrow Wilson wird 28. US-Präsident
- Untergang der »Titanic«
- Büste der ägyptischen Königin Nofretete gefunden

### 1913

- Zweiter Balkankrieg
- Niels Bohr entwirft neues Atommodell
- Größter Bahnhof der Welt (Grand Central Station) in New York eingeweiht

### 1914

- Österreichs Thronfolger in Sarajevo ermordet
- Ausbruch des Ersten Weltkrieges
- Eröffnung des Panamakanals

### 1915

- Stellungskrieg im Westen
- Beginn der Ostoffensive
- Charlie Chaplin wird mit »Der Tramp« Star des US-Kinos
- Versenkung der »Lusitania« durch ein deutsches U-Boot

### 1916

- Schlacht um Verdun
- Osteraufstand in Irland niedergeschlagen
- Seeschlacht vor dem Skagerrak
- Der österreichische Kaiser Franz Joseph I. stirbt
- Rasputin ermordet

### 1917

- Beginn des uneingeschränkten U-Boot-Krieges
- Zar Nikolaus II. dankt ab
- Oktoberrevolution in Rußland

### 1918

- US-Präsident Wilson verkündet 14-Punkte-Programm zur Beendigung des Krieges
- Russische Zarenfamilie ermordet
- Waffenstillstand von Compiègne beendet Ersten Weltkrieg
- Novemberrevolution: Kaiser Wilhelm II. dankt ab, Philipp Scheidemann ruft die deutsche Republik aus

### 1919

- Spartakusaufstand niedergeschlagen
- Rosa Luxemburg und Karl Liebknecht ermordet
- Friedrich Ebert erster Reichspräsident
- Versailler Vertrag

◀ Schöne Spionin in deutschem Auftrag: Mata Hari wird 1917 erschossen

*Mittwoch 7. Dezember*

*Gesellschaft*

**Amerika erweist Europas Offizieren** die Ehre, als Präsidententochter Helen Taft in Washington ein Denkmal für Oberst Friedrich Wilhelm von Steuben enthüllt. Er war 1777 in die jungen USA gekommen, um die noch unerfahrene Armee im Kampf gegen die Kolonialmacht Großbritannien zu führen. Viele hohe Militärs aus Europa kamen nach Amerika, um im Freiheitskampf mitzuhelfen, unter ihnen auch Franzosen und Polen.

*Gesellschaft*

**Ein Ball in Pasadena platzt,** weil sich die US-Damen weigern, mit den eingeladenen japanischen Matrosen eines Übungsgeschwaders zu tanzen. Um die Jahrhundertwende hat der Rassismus in den USA gegenüber Japan stark zugenommen. Die aufstrebende Großmacht ist eine starke Konkurrenz für Amerika im Pazifik. Die freie Einwanderung der Japaner hat die US-Regierung 1907 im »Gentlemen's Agreement« gestoppt.

*Wetter*

**Außergewöhnlich freundlich** endet das Jahr 1910. Die mittlere Temperatur liegt im Dezember mit 3 °C weit über dem langjährigen Durchschnitt für diesen Monat (0,7 °C).

*Donnerstag 7. Dezember*

*Gesellschaft*

**Auf vollen Touren** laufen die Krönungsvorbereitungen in der britischen Kronkolonie Indien. Großbritanniens Königspaar Georg V. und seine Frau Mary ziehen prunkvoll und umjubelt in Delhi ein. Dort findet am 12. Dezember ihre Erhebung zu Kaisern von Indien statt. Die Krönung hat Tradition, seit die Briten den letzten indischen Großmogul 1858 abgesetzt haben. Die Annahme es Kaisertitels soll den unterworfenen Indern die hohe Stellung Indiens im britischen Empire zeigen.

**Preise in den Jahren 1910–1919**

| | |
|---|---|
| 1 kg Butter | 2,74 |
| 1 kg Mehl | 1,90 |
| 1 kg Fleisch | 3,00 |
| 1 Ei | 0,13 |
| 1 l Vollmilch | 0,25 |
| 10 kg Kartoffeln | 3,30 |
| | |
| Stundenlohn | 0,66 |

in Mark, Stand 1913

*Politik*

**Die Marokkokrise endet** mit dem Abzug des deutschen Kreuzers »Berlin« aus dem Mittelmeer. Im Juli war es zwischen Frankreich und Deutschland fast zum Krieg gekommen, weil beide ihren Einfluß in Marokko ausweiten wollen.

*Wetter*

**Bei durchschnittlich 3 °C** kann im Dezember 1911 von Winter keine Rede sein. Die weiße Weihnacht fällt buchstäblich ins Wasser.

## 1912

*Samstag 7. Dezember*

**3000 Jahre hat die Büste** der Nofretete fast unbeschadet überstanden. Eine deutsche Archäologengemeinschaft holt das wundervolle Porträt der ägyptischen Pharaonengemahlin in Amarna ans Tageslicht. Sie erhält im Ägyptischen Museum einen vielbesuchten Ehrenplatz und ist eines der erfolgreichsten Ausstellungsstücke der Museumsgeschichte.

*Technik*

Die Herrenkleidung wird sportlicher. Dazu gehört der weiche Hut

**Der erste Herzinfarkt** eines noch lebenden Patienten wird in Amerika von Dr. James B. Herrick diagnostiziert. Bei Herzkrankheiten herrscht in der Medizin noch große Unsicherheit, da eine sichere Diagnose nur durch eine Autopsie möglich ist. Die Vorbeugung gegen Herzschwächen, bzw. die Annahme einer lebensverlängernden Lebensweise hängt aber von sicheren Diagnosen ab.

  *Wetter*

**Wie schon im Jahr zuvor** ist das Wetter im Dezember 1912 viel zu mild. Die Temperaturen bewegen sich um 4,3 °C (langjähriger Mittelwert 0,7 °C).

*Sonntag 7. Dezember*

**Gegen die Willkür des Militärs** protestieren aufgebrachte Bürger in 17 deutschen Städten. Die SPD hat die Demonstrationen organisiert. Auslöser waren die Übergriffe preußischer Truppen im elsässischen Zabern. Ein übereifriger Offizier hat die Stadt unzulässigerweise für Tage unter Kriegsrecht gestellt, weil die bis 1871 zu Frankreich gehörenden Elsässer gegen die Preußen demonstriert hatten. Der oberste Kriegsherr Kaiser Wilhelm II. hat seinem Offizier zuerst die Stange gehalten, angesichts des Aufruhrs in Deutschland und im Parlament aber einen Rückzieher gemacht und die Truppe aus Zabern verlegt.

*Politik*

**Das Exportverbot** der britischen Regierung für Waffen nach Irland tritt in Kraft. London will so die jetzt schon alltäglichen Aufstände und Kämpfe gegen die britische Herrschaft in Irland eindämmen.

*Wetter*

**Mit reichlich Regen** und viel zu hohen Temperaturen (um 3,4 °C) präsentiert sich der Dezember 1913.

Das praktische Sportkleid für die Jagd und für Bergtouren

# 1914

*Montag 7. Dezember*

 *Politik*

**Das Gleichgewicht im Südatlantik** verschiebt sich im Ersten Weltkrieg zugunsten der britischen Flotte. Vor Argentinien vereinigen sich zwei britische Schlachtverbände, um gegen das deutsche Kreuzergeschwader unter Admiral Graf von Spee zu kämpfen. Der Deutsche unterbindet seit Wochen die Schiffahrt an Südamerikas Küsten. Am 8. Dezember beginnt bei den Falkland-Inseln die entscheidende Seeschlacht, die mit der Vernichtung des deutschen Kreuzergeschwaders endet. Der Überwasserkrieg im Ersten Weltkrieg im Atlantik ist entschieden.

 *Politik*

**Das älteste Bündnis der Welt** kommt zum Tragen, als in Portugal mit der Bildung einer Regierung der »Nationalen Enheit« begonnen wird. Sie soll den Kriegseintritt des Landes an der Seite Großbritanniens vorbereiten. Beide Länder sind seit dem Windsor-Vertrag 1386 eng verbunden. England hat dem Haus Aviz damals zur Macht verholfen.

 *Wetter*

**Angenehm mild** wie seine Vorgänger kommt auch der Dezember 1914 daher. Die Temperaturen liegen im Durchschnitt bei 4,3 °C und übersteigen damit den langjährigen Mittelwert (0,7 °C) erheblich.

# 1915

*Dienstag 7. Dezember*

---

*Gesellschaft*

**Nicht unberührt vom Krieg** bleiben die USA. Präsident Wilson greift in seiner Rede vor dem Kongreß die Deutsch-Amerikaner scharf an, die in Amerika angeblich Stimmung gegen einen amerikanischen Kriegseintritt machen. Tatsächlich droht der europäische Krieg das Land fast zu spalten, in dem Einwanderer und Nachfahren aller kriegsbeteiligten Nationen leben. So ist Chicago in weiten Teilen eine »deutsche« Stadt. Als die Amerikaner 1917 gegen Deutschland in den Krieg eintreten, kommt es hier und auch in anderen Städten zu Protesten.

**Rekorde 1910–1919**

**Schwimmen:** H. Hebner (USA) – 1:20,8 min/ 100 m Rücken (1912)
**100 m:** Nina Popowa (RUS) – 13,1 sec (1913)
**Hochsprung:** C. Larson (USA) – 2,03 m (1917)
**Speerwerfen:** Jonni Myyrä (FIN) – 66,10 m (1919)

---

*Politik*

**Neuseelands Armee für Europa** ist fast komplett. An Großbritannien meldet die Regierung, daß bereits 110 000 Soldaten bereitstehen.

---

*Wetter*

**Wie in den vergangenen Jahren** will es auch im Dezember 1915 noch nicht so richtig Winter werden. Die milden Temperaturen lassen die 62 mm Niederschlag überwiegend als Regen zur Erde fallen.

# 1916

 *Politik*

**Rußlands Niederlage** ist mit dem Abbruch der dritten Brussilow-Offensive an der Karpatenfront entschieden. Seit Sommer hat das russische Heer 1,2 Millionen Soldaten durch die erfolglosen Angriffe verloren, die Armee ist am Ende. In der Bevölkerung greift Kriegsmüdigkeit um sich. Denn der Erste Weltkrieg hat die Armut der Menschen noch verschärft. Ihr Unmut über die zaristische Herrschaft macht sich 1917 in zwei Revolutionen Luft, aus denen der erste kommunistische Staat der Geschichte hervorgeht.

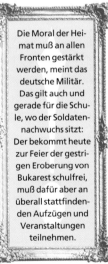

Die Moral der Heimat muß an allen Fronten gestärkt werden, meint das deutsche Militär. Das gilt auch und gerade für die Schule, wo der Soldatennachwuchs sitzt: Der bekommt heute zur Feier der gestrigen Eroberung von Bukarest schulfrei, muß dafür aber an überall stattfindenden Aufzügen und Veranstaltungen teilnehmen.

 *Politik*

**Die geplante Annexion Belgiens** durch das Deutsche Reich ist das beherrschende Thema der britischen Presse. Vor zwei Tagen hat die deutsche Zentrumspartei dieses Kriegsziel wieder einmal verkündet.

*Wetter*

**Ein weiterer milder Winter** scheint sich im Dezember 1916 mit durchschnittlich 3,1 °C anzukündigen. Die Niederschlagsmenge fällt mit 73 mm sehr hoch aus.

# 1917

*Freitag 7. Dezember*

**Ein Sieg der Frauenbewegung** ist das neue britische Wahlgesetz, dem das Parlament zustimmt. Männer können künftig mit 20 Jahren wählen, Soldaten schon mit 18. Zum allerersten Mal überhaupt dürfen auch Frauen an die Wahlurnen. Sie müssen allerdings 30 Jahre alt sein. Dadurch sind noch immer wesentlich weniger Frauen wahlberechtigt als Männer. Die Zugeständnisse der Männerwelt gehen auf den Krieg zurück: In den britischen Fabriken und auf den Feldern verrichten Frauen die Arbeiten der Männer, die im Krieg sind.

**Die USA erklären auch Österreich-Ungarn den Krieg.** Seit April besteht Kriegszustand mit dem Deutschen Reich, ausgelöst durch die deutsche Ankündigung, die U-Boote würden künftig auf alle Schiffe, auch neutrale, ohne Warnung feuern. Die Kriegserkärung an Wien ergeht, weil sich das Land geweigert hat, die Waffen niederzulegen.

**Zum ersten Mal seit Jahren** sinkt die Temperatur im Dezember 1917 unter den Mittelwert der Vorjahre (0,7 °C). Mit durchschnittlich −0,5 °C herrscht kaltes Winterwetter vor.

*Samstag 7. Dezember*

*Politik*

**Eine Art neuen Burgfrieden** schließen Sozialdemokraten und Militär. Der sozialdemokratisch geführte »Rat der Volksbeauftragten«, eine Übergangsregierung, erläßt eine generelle Amnestie für alle Soldaten. Viele Militärs haben im Deutschen Reich versucht, die Macht der »Sozis« zu stürzen. Erst gestern scheiterte ein Umsturzversuch in Berlin, bei dem 16 Menschen starben. Der Regierung unter Ebert und Haase braucht die Armee, um das Chaos im Deutschen Reich nach der Kapitulation vor einem Monat, die den Ersten Weltkrieg beendete, in den Griff zu bekommen.

*Politik*

**In der Steiermark** kämpfen Österreicher und Slawen. Das Gebiet ist nach dem Ersten Weltkrieg einer der umstrittenen Grenzräume in Europa. Jugoslawien und Österreich, beide bis vor wenigen Wochen Teil des zerfallenen österreichisch-ungarischen Staates, streiten um die Steiermark. Sie bleibt Österreich erhalten.

*Wetter*

**Von seiner milderen Seite** zeigt sich der Dezember in diesem Jahr. Durchschnittlich 3,8 °C lassen auf einen kurzen Winter hoffen.

*Sonntag 7. Dezember*

---

*Kultur*

**Filmische Freiheit** soll es in Deutschland nicht geben. Im Reichsinnenministerium wird ein Entwurf zur Filmzensur geprüft, damit der Film als kommendes Massenmedium keine staatsfeindlichen Gedanken unter die Bevölkerung bringen kann. Der Einsatz des Films zu politischen Zwecken hat in Deutschland schon eine, wenn auch kurze, Tradition: Die erste große deutsche Filmgesellschaft, die Ufa, wurde 1917 im Krieg auf Geheiß des deutschen Generalstabs gegründet, um durch Filme die Stimmung im Reich zu heben.

---

*Politik*

**Föhr bleibt eine deutsche Insel**. Die Bewohner haben abgestimmt, ob sie künftig zu Dänemark oder Deutschland gehören wollen, und mit großer Mehrheit für Deutschland votiert.

> **Stars der Jahre 1910–1919**
>
> **David Wark Griffith**
> Filmregisseur
> **Mary Pickford**
> Filmschauspielerin
> **Enrico Caruso**
> Sänger
> **Douglas Fairbanks**
> Filmschauspieler
> **Charlie Chaplin**
> Filmschauspieler

---

*Wetter*

**Mit 88 mm fallen im Dezember** 1919 noch mehr Niederschläge als im Vorjahr. Bei deutlich kälteren Temperaturen (Durchschnitt 0,3 °C) geben die Wolken ihre Feuchtigkeit allerdings wesentlich häufiger als Schnee ab.

## Highlights des Jahrzehnts

............ *1920* ............

- Prohibition: Alkoholverbot in den USA
- NSDAP verabschiedet ihr Programm
- Kapp-Putsch scheitert
- Erstmals Salzburger Festspiele

............ *1921* ............

- Alliierte besetzen das Rheinland
- Hitler wird NSDAP-Vorsitzender
- Hormon Insulin entdeckt
- Rudolph Valentino wird Frauenidol
- Vertrag von Sèvres bedeutet Ende des Osmanischen Reichs

............ *1922* ............

- Hungersnot in Rußland
- »Deutschlandlied« wird zur Nationalhymne erklärt
- Mussolinis Marsch auf Rom
- Gründung der UdSSR
- Grab des Tutanchamun entdeckt
- Deutsch-russische Annäherung durch Vertrag von Rapallo
- Gründung der BBC
- Johnny Weissmuller stellt über 100 m Kraul den ersten seiner 67 Weltrekorde auf (58,6 sec)

............ *1923* ............

- Franzosen besetzen Ruhrgebiet
- Hitlers Putschversuch scheitert
- Währungsreform beendet Inflation im Deutschen Reich
- Die Türkei wird Republik

............ *1924* ............

- Erstmals Olympische Winterspiele
- Revolutionsführer Lenin stirbt
- Dawes-Plan lockert finanzielle Zwänge für Deutschland
- VIII.Olympische Spiele: Läufer Paavo Nurmi gewinnt 5 Goldmedaillen

............ *1925* ............

- Einparteiendiktatur in Italien
- Neugründung der NSDAP
- Hindenburg wird nach dem Tod Eberts Reichspräsident
- Europäische Entspannung durch Locarno-Pakt
- Joséphine Baker wird im Bananenröckchen zum Weltstar

............ *1926* ............

- Japans Kaiser Hirohito besteigt den Thron
- Militärputsch Pilsudskis in Polen
- Walt Disneys Mickey Mouse erblickt das Licht der Welt
- Deutschland im Völkerbund

............ *1927* ............

- Stalin entmachtet politische Gegner
- Charles Lindbergh überfliegt den Atlantik
- Uraufführung des Films »Metropolis« von Fritz Lang

............ *1928* ............

- Briand-Kellogg-Pakt zur Kriegsächtung unterzeichnet
- Alexander Fleming entdeckt das Penicillin
- »Dreigroschenoper« von Brecht und Weill uraufgeführt
- Erste Transatlantik-Fluglinie

............ *1929* ............

- Youngplan regelt Reparationen
- »Schwarzer Freitag« in New York löst Weltwirtschaftskrise aus
- Erste Oscar-Verleihung in Hollywood
- Antikriegs-Roman »Im Westen nichts Neues« von Erich Maria Remarque

◀ **Der Charleston erobert in den 20er Jahren weltweit die Tanzsäle**

*Dienstag 7. Dezember*

 *Gesellschaft*

**Die Bremer Stadtwehr** ist nach Meinung der Sozialisten im Senat friedensgefährdend. Sie entziehen der bürgerlichen Regierung das Vertrauen, die die Stadtwehr aus Traditionsgründen beibehalten will. Zwar siegen die Bürgerlichen bei den Neuwahlen 1921, doch die Wehr muß trotzdem verschwinden: Die Siegermächte des Ersten Weltkriegs haben festgestellt, daß sie gegen das Entwaffnungsgebot des Versailler Friedensvertrags verstößt.

Britisches Bunt ist geschützt: Für zehn Jahre sollen die Briten auf Parlamentsbeschluß nur noch im Inland hergestellte Farben verwenden. Der Zoll auf ausländische Farben soll der Industrie Zeit für Verbesserungen geben.

 *Politik*

**Mit Genugtuung** kommentiert die deutsche Presse die gestrige Wahl in Danzig, daß nach dem Versailler Vertrag nicht mehr zu Deutschland gehört, sondern ein von polnischem Gebiet umschlossener Freistaat ist. Der neuen Regierung unter Heinrich Sahm gehören nur Deutsche an, die allesamt für eine Rückgliederung sind.

 *Wetter*

**Kalt und trocken** ist das Wetter im Dezember 1920. Die Temperaturen bewegen sich um den Gefrierpunkt. Die Niederschlagsmenge liegt bei 43 mm.

*Mittwoch 7. Dezember*

---

*Gesellschaft*

**Den Verlust von 340 Mio. Mark** kann die Pfälzische Bank in Ludwigsburg nicht verkraften. Das renommierte Geldinstitut hat sich haarsträubend verspekuliert. Die Gläubiger, die heute ihr Geld einfordern, finden nur noch 100 Mio. Mark an Reserven und in Aktien vor. Bankzusammenbrüche, aber auch ungeheure Gewinnmargen sind in der ersten Nachkriegszeit keine Seltenheit: Die in Unordnung geratene Wirtschaft lädt zu riskanten Spekulationen förmlich ein.

---

*Gesellschaft*

**Eine Million Wohnungen** fehlen im Deutschen Reich, wie der Deutsche Städtetag mitteilt. Der Mangel geht nur indirekt auf den Ersten Weltkrieg zurück, in dem es in Deutschland kaum Kriegszerstörungen gab. Das Millionenleck kommt durch die schlechte Wirtschaftslage zustande – es wird einfach zu wenig gebaut. 57 Mark kosten zwei Zimmer in Berlin. Die Miete wird wegen der Geldentwertung alle zwei Wochen neu festgesetzt.

---

*Wetter*

**Mehr Niederschläge als gewöhnlich** bei einer für die Jahreszeit normalen Durchschnittstemperatur von 0,6 °C leiten im Dezember 1921 den Winter ein.

# 1922

*Technik*

**Der Energiefresser New York,** die größte Stadt der Welt, leidet an Strommangel. Abhilfe soll nach einem Plan der Stadtverwaltung eine 500 km lange Versorgungsleitung bringen, die Strom vom Niagara-Kraftwerk heranschafft.

*Gesellschaft*

**Frauen gegen den Versailler Frieden:** Auf dem gestern begonnenen Kongreß der internationalen Frauenliga für Frieden und Freiheit verabschieden die Abgesandten eine Resolution gegen den Friedensvertrag von Versailles, der 1920 den Ersten Weltkrieg offiziell beendet hat. Seine einschneidenden Bestimmungen für Deutschland tragen nach Meinung der Frauen den Keim eines neuen Krieges in sich – eine These, der sich Historiker nach 1945 anschließen.

### Rekorde in den 20er Jahren

**Schwimmen:** J. Weissmuller (USA) – 58,6 sec/ 100 m Freistil (1922)
**10 000 m:** P. Nurmi (FIN) – 30:06,1 min (1924)
**1500 m:** O. Peltzer (GER) – 3:51,0 min (1926)
**Kugelstoßen:** Emil Hirschfeld (GER) – 16,04 m (1928)

*Wetter*

**Das Jahr 1922 endet** mit relativ angenehmem Dezemberwetter. Das Thermometer hält sich im Durchschnitt bei 2,6 °C auf. Die Niederschläge liegen mit 56 mm höher als normal (41 mm).

# 1923

## Freitag 7. Dezember

Gesellschaft

**Zur Hilfe für Deutschland** ruft das Internationale Rote Kreuz in Genf auf. In allen großen Ländern Europas und auch in den USA und Brasilien laufen große Spendenaktionen an, um Lebensmittel und Medikamente in das von Geldentwertung, Arbeitslosigkeit und Hunger gebeutelte Land zu schaffen. Die Armut der Menschen ist enorm – die Hilfe aber auch groß und wirksam: Allein aus den USA kommen bis Jahresende 420 000 Goldmark, aus Brasilien weitere 70 000 Goldmark nach Deutschland.

Politik

**Die neue Rentenmark** kommt erstmals bei Zahlung der Umsatzsteuer zum Tragen. Seit 15. November gilt die neue Währung, die die wahnsinnige Geldentwertung stoppt. Als Umtauschkurs gilt 1 Billion Papiermark für 1 Rentenmark. Der Staat hatte große Mitschuld an der Geldentwertung, da er über Gebühr neue Scheine drucken ließ, um die Staatskassen zahlungsfähig zu halten.

Wetter

**Die Temperaturen sinken** im Dezember 1923 auf Werte um −2,2 °C. Der langjährige Mittelwert für diesen Monat liegt bei 0,7 °C. Die Jahreswende wird von Frost und Schneefall begleitet.

# 1924

*Sonntag 7. Dezember*

Moderner Medieneinsatz bei Reichstagswahl: In Berlin werden die laufenden Ergebnisse der Auszählung mit Projektoren an Hauswände geworfen. Zehntausende warten gespannt auf den Plätzen auf die neuesten Zahlen.

*Technik*

**Die Zugspitzbahn ist beschlossen:** Nach 24 Jahren Beratungen und Planungen hat die Firma Adolf Bleichert und Co. In Leipzig den Auftrag für die Drahtseilbahn zum Gipfel des höchsten deutschen Berges bekommen – eine der kühnsten Streckenideen der Welt. Die auf 2962 m Höhe führende Verbindung wird 1926 eröffnet. Jeweils 19 Fahrgäste können in 16 Minuten hinauffahren.

 *Politik*

**Keine Chance für Extremisten** lassen die zweiten Reichstagswahlen 1924 offen. Die Parteien der Mitte und besonders die SPD gewinnen auf Kosten der Links- und Rechtsausleger im Parteienspektrum. Der parteilose Hans Luther bildet Anfang 1925 eine breite Regierungskoalition. Die Koalitionsbildung ist schwierig, weil sehr viele Parteien im Plenum sitzen – es gibt keine 5%-Hürde.

 *Wetter*

**Etwas milder als gewöhnlich** (Durchschnittstemperatur 1,6 °C) ist das Wetter im Dezember 1924. Es bleibt mit 19 mm fast niederschlagsfrei.

# 1925

## Montag 7. Dezember

**Die Weltgesundheit** wird Thema im Völkerbund. Dieses erste internationale Gremium, in dem die meisten Nationen der Welt versammelt sind, beschließt auf seiner 27. Sitzung die Errichtung eines Büros zur Seuchenuntersuchung. Erster Schwerpunkt wird Westafrika. Die Gremien des Völkerbundes gehen 1946 in der UNO auf, deren Weltgesundheitsorganisation WHO die Ideen der Seuchenbekämpfung aufnimmt. Spektakulärster Erfolg der WHO ist die Ausrottung der Pocken.

**Opel muß 400 Arbeiter entlassen.** Das Werk in Rüsselsheim hat immense Absatzprobleme. Seit dem Ersten Weltkrieg ist der Marktanteil der deutschen Autoindustrie weltweit auf 1% gesunken.

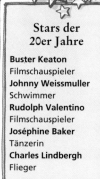

**Stars der 20er Jahre**

**Buster Keaton**
Filmschauspieler
**Johnny Weissmuller**
Schwimmer
**Rudolph Valentino**
Filmschauspieler
**Joséphine Baker**
Tänzerin
**Charles Lindbergh**
Flieger

**Häufige Niederschläge** bei Temperaturen um den Gefrierpunkt bestimmen den Dezember 1925. Während der langjährige Mittelwert für den Monat bei 41 mm liegt, fallen in diesem Dezember 68 mm Niederschläge.

# 1926

*Dienstag 7. Dezember*

 *Gesellschaft*

**20 000 km Afrika** stehen bei Walter Mittelholzer auf dem Programm. Der Schweizer Abenteurer startet zu einem Trans-Afrika-Flug, den er im Februar 1927 mit der Landung in Kapstadt abschließt. Mittelholzer ist dennoch nicht zufrieden, da er den 5895 m hohen Kilimandscharo umfliegen mußte, statt ihn wie geplant zu überfliegen. Im Januar 1930 kehrt Mittelholzer nach Afrika zurück, um diese Herausforderung am höchsten Berg des Kontinents zu meistern.

Tiefe Taille und schmale Silhouette: Mode im Zeichen des Art déco

 *Politik*

**Die heute wertlosen Provinzen** Tacna und Arica will Chile an Bolivien und Peru zurückgeben. Chile hat die salpeterreichen Gebiete 1883 erobert und den Munitionsrohstoff teuer verkauft, bis im Ersten Weltkrieg synthetische Verfahren entwickelt wurden.

 *Wetter*

**Recht mild** präsentiert sich der Dezember 1926. Die Temperaturen bewegen sich um 1,8 °C, während das langjährige Mittel bei 0,7 °C liegt.

42

**1927**

**Ein Grenzstreit im Reich** endet mit einer gütlichen Einigung der Kontrahenten: Thüringen und Sachsen legen in einem Vertrag ihre endgültigen Grenzen fest. Der Streit brach über einige Dörfer und Enklaven aus, die beide deutschen Länder nun tauschen und so bereinigte Territorien gewinnen.

**»Sein oder nicht sein«**, heißt es heute im Dresdener Theater, wo Gerhart Hauptmanns Bearbeitung von »Hamlet« erstmals gezeigt wird.

Vornehm und doch lässig: Burberry aus imprägniertem Baumwollstoff

Der Shakespeare-Stoff scheint unerschöpflich. Die Kritik zeigt sich gegenüber der Bearbeitung sehr ungnädig: »Langweilig« und »einfallslos« nennen die Rezensenten die Bearbeitung des Nobelpreisträgers, die auch einige völlig neue Szenen enthält.

**Tiefsttemperaturen** unter −3 °C zeigt das Thermometer im Dezember 1927 an. Ein klirrend kalter Winter steht bevor.

# 1928

*Freitag 7. Dezember*

 *Politik*

**Das junge Estland** schließt einen Handelsvertrag mit dem Deutschen Reich. Noch herrschen gute Beziehungen zwischen Deutschland und den baltischen Staaten. Estland war – genauso wie Lettland und Litauen – 1918 mit deutscher Hilfe entstanden. Zuvor zu Rußland gehörend, haben die Länder die russiche Oktoberrevolution 1917 ausgenutzt, um unabhängig zu werden. Da sie seit Mitte des Ersten Weltkriegs deutsch besetzt waren, standen Truppen zum Schutz der Unabhängigkeit bereit. Deutschland waren die Baltenstaaten lieber als eine nach Westen vorgeschobene sowjetische Grenze. Hitler gibt die neuen Länder 1939 zur sowjetischen Annexion frei und erhält dafür freie Hand für den Überfall auf Polen.

 *Kultur*

**Gewohnt geistreich** ist die neue Komödie von Curt Goetz. In Hamburg ist ein Besuch von »Der Lügner und die Nonne« im Dezember Pflicht.

 *Wetter*

**Mit durchschnittlich –0,6 °C** kündigt sich im Dezember 1928 ein milderer Winter an als im Vorjahr. Aber die Temperaturen liegen immer noch unter dem langjährigen Mittelwert von 0,7 °C.

**Der dritte Aga Khan**, das Oberhaupt der moslemischen Sekte der Hodschas, heiratet die junge Französin Andrée Carron. Der Führer der um 1800 entstandenen Sekte ist momentan Sultan Sir Mohammed Shah. Er bekam von Großbritannien den Adelstitel verliehen, weil er seine indischen Glaubensbrüder im Ersten Weltkrieg vom Kriegseintritt gegen die Kolonialmacht abhalten konnte. Etwa 20 Millionen Menschen in Indien gehören den Hodschas an.

*Politik*

**Etwas weniger Demokratie** herrscht künftig in Österreich. Die Parlamentarier selbst stärken die Rechte des Bundespräsidenten, der künftig eigenmächtig die Regierung berufen und entlassen kann. Die heraufziehende Weltwirtschaftskrise bringt den »Ruf nach dem starken Mann« hervor.

**Preise in den 20er Jahren**

| | |
|---|---|
| 1 kg Butter | 3,60 |
| 1 kg Mehl | 0,50 |
| 1 kg Fleisch | 2,50 |
| 1 Ei | 0,20 |
| 10 kg Kartoffeln | 0,80 |
| | |
| Stundenlohn | 0,93 |

in RM, Stand 1926
(ohne Inflationsjahre)

*Wetter*

**Zum ersten Mal seit Jahren** klettert die Durchschnittstemperatur im Dezember 1929 über 3 °C. Dazu fallen reichlich Niederschläge.

# 1930–1939

## Highlights des Jahrzehnts

### 1930

Mahatma Gandhi startet Salzmarsch
Marlene Dietrich avanciert im Film
»Der Blaue Engel« zum Weltstar
Uruguay wird erster Fußballwelt-
meister
Max Schmeling durch Dis-
qualifikationssieg Boxweltmeister
im Schwergewicht

### 1931

Spanien wird Republik
Vorführung des Ganzmetallflug-
zeugs »Ju 52« (»Tante Ju«)
Empire State Building höchstes Ge-
bäude der Welt
Mafia-Boß Al Capone hinter Gittern

### 1932

Staatsstreich in Preußen
Wahlsieg der NSDAP
Chaco-Krieg um Erdöl zwischen Boli-
vien und Paraguay
Proklamation des Staates Saudi-Ara-
bien

### 1933

Adolf Hitler zum Reichskanzler er-
nannt
Reichstagsbrand in Berlin
Ermächtigungsgesetz in Kraft
Deutsche Studenten verbrennen
»undeutsche« Literatur

### 1934

Nationalsozialistischer Volks-
gerichtshof gegründet
»Röhm-Putsch« niedergeschlagen
Mord an Bundeskanzler Dollfuß –
Ende der 1. Republik Österreich
Maos Kommunisten in China auf
dem »Langen Marsch«

### 1935

- Judenverfolgung mit sog. Nürn-
  berger Gesetzen
- Italien marschiert in Äthiopien ein
- Porsche baut Prototyp für VW
  »Käfer«
- Deutsch-britisches Flotten-
  abkommen

### 1936

- Beginn des Spanischen Bürgerkriegs
- Volksfrontregierung in Frankreich
- Ausstellung »Entartete Kunst«
- XI. Olympische Spiele in Berlin zur
  NS-Propaganda genutzt
- Margaret Mitchell veröffentlicht
  »Vom Winde verweht«
- Schauprozesse in der UdSSR

### 1937

- Krieg zwischen Japan und China
- Georg VI. in London gekrönt
- Zeppelin LZ »Hindenburg« ex-
  plodiert in Lakehurst
- Niederländische Kronprinzessin Ju-
  liana heiratet Prinz Bernhard

### 1938

- »Anschluß« Österreichs ans Deutsche Reich
- Münchner Abkommen soll Hitler
  bezähmen
- Terror gegen Juden in der »Reichs-
  kristallnacht«
- Otto Hahn gelingt erste Atom-
  spaltung

### 1939

- Deutsche Truppen marschieren in
  Prag ein
- Hitler-Stalin-Pakt
- Beginn des Zweiten Weltkrieges

◀ **Luftige Show: Akrobaten auf dem Empire State Building (1934)**

*Sonntag 7. Dezember*

## Rekorde in den 30er Jahren

**200 m:** J. Carlton (AUS)
– 20,6 sec (1932)
**Weitsprung:**
Jesse Owens (USA)
– 8,13 m (1935)
**Weitsprung:**
Erika Junghans (GER)
– 6,07 m (1939)
**400 m:** Rudolf Harbig
(GER) – 46,0 sec (1939)

 *Politik*

**Auch in Großbritannien** haben »Rechtsausleger« Hochkonjunktur: 17 Abgeordnete der Labour Party fordern unter Führung von Oswald Mosley angesichts der Wirtschaftskrise die Schließung der Grenzen für ausländische Konkurrenzwaren und ein »Notkabinett«, mit dem sie eine Diktatur umschreiben. Mosley ist ein bekannter Antisemit, sein großes Vorbild Benito Mussolini. Nach diesen Äußerungen bei Labour nicht mehr gut gelitten, gründet er 1940 die »Faschistische Union«.

 *Politik*

**Ein Schauprozeß** in Moskau endet mit acht Todesurteilen gegen prominente Regimekritiker. Diktator Josef Stalin »säubert« in den 30er Jahren die gesamte Sowjetelite. Hunderttausende sterben durch Exekutionen oder in den sibirischen Lagern.

 *Wetter*

**Bei durchschnittlich 0,6 °C** fallen im Dezember 1930 nur 13 mm Niederschläge (langjähriges Mittel 41 mm).

# 1931

*Montag 7. Dezember*

## Gesellschaft

**Um die Sanierung** der Autofirma Gebrüder Reichstein Brennabor-Werke AG in Brandenburg an der Havel steht es schlecht. Auf der Gläubigerversammlung wird festgestellt, daß 8,5 Mio. Reichsmark Schulden nur 3,7 Mio. auf der Verfügbarkeitsseite gegenüberstehen. Die renommierte deutsche Firma, die 8000 Menschen Brot gibt, ist allein im Dezember bereits das dritte Großunternehmen in Deutschland, das die Weltwirtschaftskrise an den Rand des Absturzes bringt. Schon gibt es 4,5 Millionen Vollarbeitslose: fast 50 % mehr als 1930.

## Politik 🌐

**Der neue amerikanische Kongreß** tritt zusammen und berät über die Einführung einer Arbeitslosenhilfe. Bei seiner Eröffnungsrede spricht sich Präsident Hoover einen Tag später entschieden dagegen aus. Er sagt, der Zustand Europas beweise die schlimmen Auswirkungen von Geldzahlungen an Arbeitslose. Hoover glaubt, die Wirtschaft werde sich ganz von allein erholen.

## Wetter

**Recht durchschnittlich** präsentiert sich der Dezember in diesem Jahr. Die Temperaturen bewegen sich um 1,1 °C.

# 1932

*Mittwoch 7. Dezember*

*Sport*

**Die Siegesserie der »Schmieranski-Elf«,** der berühmtesten österreichischen Fußballmannschaft aller Zeiten, endet im englischen Stamford-Bridge-Stadion. 18 Monate blieben die Fußballer ungeschlagen. Den Schweizern gelang 1931 das einzige Tor überhaupt gegen die Unbesiegbaren aus dem benachbarten Alpenland. Deutschland kassierte elf Tore in zwei Spielen ohne Gegentreffer. Selbst die heute erlittene 4:3 Niederlage gegen England ist fast noch ein Erfolg: Noch nie haben englische Fußballer auf eigenem Rasen verloren, und noch nie waren sie so nahe an einer Niederlage.

*Gesellschaft*

**Im deutschen Parlament** kommt es zu einer Massenschlägerei zwischen Abgeordneten der NSDAP, SPD und KPD. Das Parlament bietet damit ein Spiegelbild der Situation auf Berlins Straßen, wo es in der Endphase der Weimarer Republik täglich zu politisch motivierten Prügeleien kommt.

*Wetter*

**Erheblich weniger Niederschlag** als in den Vorjahren fällt im Dezember 1932. Der langjährige Mittelwert liegt bei 41 mm. In diesem Jahr geben die Wolken aber nur 8 mm ab.

# 1933

### Politik

**Eine Täuschung des Auslands** will die NS-Führung in Berlin mit einer Amnestie erreichen. 400 Häftlinge werden aus dem KZ Dachau entlassen; Preußens Gefängnisse geben weitere 5000 politische Häftlinge frei. Offiziell begründet die Reichsführung die Aktion mit der Festigung ihrer Herrschaft, die eine »Volksbefragung« im November gezeigt habe. 90 % der Bevölkerung sollen der Politik Hitlers zugestimmt haben. Tatsächlich will Hitler das Ausland glauben machen, daß er sich nun gemäßigt geben werde und eigentlich ein »normaler« Politiker ist. Solange die Armee nicht stark ist, hält Hitler dieses Image aufrecht.

### Sport

**Gegen Olympische Spiele in Berlin** tritt in Paris ein internationales Komitee zusammen. Es will den Boykott der Spiele 1936 aus Protest gegen die Nazis erreichen.

**Preise in den 30er Jahren**

| | |
|---|---|
| 1 kg Butter | 2,96 |
| 1 kg Mehl | 0,47 |
| 1 kg Fleisch | 1,60 |
| 1 l Vollmilch | 0,23 |
| 1 Ei | 0,10 |
| 10 kg Kartoffeln | 0,90 |
| 1 kg Kaffee | 5,33 |
| | |
| Stundenlohn | 0,78 |
| in RM, Stand 1934 | |

### Wetter

**Frostige Kälte** beschert der Dezember 1933. Mit Temperaturen um −3,3 °C kündigt sich ein harter Winter an.

# 1934

## Freitag 7. Dezember

**Einen kurzzeitigen Erfolg** erreicht die Bekennende Kirche, evangelische Christen im Widerstand gegen die NS-Diktatur. Reichsinnenminister Frick muß heute zugeben, daß die Gesetze zur Zusammenfassung der 28 evangelischen Landeskirchen in einer neuen »Reichskirche« nicht die nötige Rechtsgrundlage haben. Ab 1935 werden die Kirchen von einem »Ausschuß« des Reichskirchenministeriums kontrolliert, daß Kirchenleute einstellen und entlassen kann. Alle Schriftstücke der Bekennenden Kirche – auch im internen Kirchenverkehr – unterliegen der Zensur.

 *Gesellschaft*

**Das Saarland ist für SA-Leute** seit heute eine Art Sperrbezirk. Gauleiter Bürckel selbst hat die Einreise auswärtiger SA-Leute untersagt. 1935 soll das Saarland über eine Rückkehr in das Deutsche Reich abstimmen. Bürckel will deshalb bis zu den Wahlen keine Negativschlagzeilen haben.

*Wetter*

**Fast frühlingshafte Temperaturen** beherrschen 1934 zum ersten Mal seit Jahren den Dezember. Das Thermometer zeigt Werte um 4,4 °C. Es fallen weniger Niederschläge als in den Vorjahren.

# 1935

## *Samstag 7. Dezember*

### *Technik*

**Die deutsche Eisenbahn wird 100:** In Fürth beginnt die Feier zum Jubiläum der ersten deutschen Eisenbahnstrecke, die Fürth und das 6 km entfernte Nürnberg verbindet. Mit damals rasanten 24 km/h legte die Eisenbahn »Adler« die Strecke zurück. Als Frachtgut hatte die »Adler« zwei Bierfässer geladen.

### *Gesellschaft*

**Stars der 30er Jahre**

**Louis Armstrong**
Trompeter
**Marlene Dietrich**
Filmschauspielerin
**Greta Garbo**
Filmschauspielerin
**Fred Astaire**
Tänzer/Schauspieler
**Sonja Henie**
Eiskunstläuferin

**Vier Millionen Reichsmark** spenden die Deutschen am heutigen »Tag der nationalen Solidarität« für das Winterhilfswerk. Sammlungen auf der Straße und in den Betrieben gehören zum festen Alltag in Hitlerdeutschland. Sie entlasten den Staatshaushalt. Hitlerjugend, SA und zahlreiche parteieigene Wohlfahrtsverbände erfinden immer neue Spendenaktionen wie die Eintopftage am Sonntag, bei denen das am Mittagessen Gesparte für Bedürftige gesammelt wird.

### *Wetter*

**Feucht und kühl** ist der Dezember 1935. Die Durchschnittstemperatur liegt bei 0,8 °C.

# 1936

 *Technik*

**Einen Rückschlag erleidet Boeing** mit dem Absturz des gerade fertiggestellten Bombers B-17. Der Prototyp wird dabei schwer beschädigt. Die B-17 ist das größte Landflugzeug seiner Zeit und bildet im Zweiten Weltkrieg das Rückgrat der amerikanischen strategischen Luftstreitkräfte. Sie wird unter dem Namen »Flying Fortress« berühmt.

 *Politik*

**Der sowjetische Dissident Leo Trotzki** findet in Mexiko eine neue Heimat. Das amerikanische Land bietet dem zur Zeit in Norwegen lebenden Trotzki Asyl an. Der jetzt 57jährige war einer der maßgeblichen Männer bei der Oktoberrevolution 1917. 1927 wurde er aus der KPdSU geworfen, verbannt und 1929 ausgewiesen. Er hatte Kritik an Stalin geübt: Trotzki wollte die Revolution rasch auf andere Länder ausbreiten, Stalin erst Sowjetrußland festigen. Der sowjetische Diktator läßt Trotzki 1940 in Mexiko ermorden.

 *Wetter*

**Ein relativ milder Winter** kündigt sich mit einer Durchschnittstemperatur von 1,9 °C im Dezember 1936 an. Das langjährige Mittel für den Monat liegt mit 0,7 °C um einiges tiefer.

*Dienstag 7. Dezember*

---

### Kultur

**Das »Goldene Zeitalter«** beschwört der österreichische Schriftsteller Franz Werfel in einem Vortrag in Wien. Die Zuhörer, Mitglieder der Völkerbundsliga, zeigen sich von Werfels Worten begeistert. Er verdammt den Triumphzug der Technik und des schonungslosen Realismus, der Kunst und Intuition immer weiter zurückdränge. Gerade in ihnen aber sieht Werfel die Stufe größter Nähe zum glücklichen Urzustand des Menschen. Mit Blick auf seine Landsleute verdammt er abschließend den Wunsch vieler Österreicher nach Entmündigung durch die deutsche Diktatur. Nach der Annexion Österreichs durch Deutschland 1938 flieht Werfel nach Frankreich und in die USA.

---

### Politik

**Die Staaten der Welt** erkennen die gestern von Japan in Schanghai errichtete chinesische Marionettenregierung nicht an. Japan hat China im Sommer angegriffen, um rohstoffreiche Gebiete im Reich der Mitte für seine Industrien zu erobern.

---

### Wetter

**Mit frostigen Temperaturen** um −0,6 °C (langjähriger Mittelwert 0,7 °C) und gelegentlichen Niederschlägen präsentiert sich der Dezember 1937.

*Mittwoch 7. Dezember*

*Gesellschaft*

**Deutsche Tänze** sind nach Meinung des NS-Studentenbundes die einzig »weltanschaulich korrekten«. Die Intellektuellen wollen ausländische Tänze, besonders die aus dem angloamerikanischen Bereich, verdrängt wissen. Die modernen Rhythmen aus Übersee wie Swing und die zugehörigen »Tanzschritte« werden im Deutschen Reich 1939 praktisch verboten und sind nur noch im Untergrund genießbar. Berühmt werden die norddeutschen Swing-Kids, deren Geschichte auch verfilmt wird.

*Gesellschaft*

Figurbetonte Eleganz
in den 30er Jahren:
Kostüm aus Wollstoff
mit Lederpaspeln

**Italiens und Frankreichs Bevölkerung** wetteifern auf Demonstrationen. In italienischen Städten fordern die Versammelten die Annexion von Tunis und der zu Frankreich gehörenden Insel Korsika durch Italien. In Straßburg heißt es: »Sardinien und Sizilien an Frankreich!«

*Wetter*

**Unangenehm kalt** mit häufigen Niederschlägen zeigt sich der Dezember 1938. Die Durchschnittstemperatur sinkt auf −1,5 °C.

**Die Umsiedlung Wolyniendeutscher** ist Aufgabe einer Kommission, die Berlin in Richtung Przemysl verläßt. 120 000 »Volksdeutsche«, also Menschen deutscher Herkunft, leben in den Gebieten zwischen Bug und Dnjepr und in Galizien. Die bisher zu Polen gehörenden Gebiete sind seit der Niederlage gegen Deutschland und die UdSSR Teil von Stalins Imperium. Gemäß der Devise »heim ins Reich« werden die Menschen in deutsch kontrolliertes Gebiet »verschoben«. Insgesamt werden im Zweiten Weltkrieg 500 000 bis 1 Million »Volksdeutsche« aus ihren Heimatgebieten umgesiedelt. Pläne der SS wollen sogar die 17 Millionen »Volksdeutschen« in Amerika zurückholen. Die Idee hinter dem »Transfer deutschen Blutes« ist es, Siedler für den eroberten »Lebensraum im Osten« zu gewinnen.

Der Herr liebt es eher klassisch: Sommersakko aus hellem Fischgrät

**Wie im Vorjahr** beginnt der Winter mit frostigen Temperaturen. Im Dezember 1939 sinkt das Thermometer auf einen Durchschnittswert von –1,3 °C. Niederschläge fallen meist als Schnee.

# 1940 - 1949

## Highlights des Jahrzehnts

### 1940

- Deutscher Luftkrieg gegen Groß-britannien
- Beginn der Westoffensive
- Winston Churchill neuer britischer Premierminister

### 1941

- Schottlandflug von Rudolf Heß
- Deutscher Überfall auf die Sowjet-union
- Japan greift Pearl Harbor an – Kriegseintritt der USA
- »Citizen Kane« von Orson Welles in den Kinos

### 1942

- Wannsee-Konferenz beschließt Judenvernichtung
- 6. Armee in Stalingrad einge-schlossen
- Beginn alliierter Luftangriffe auf deutsche Städte
- »Casablanca« mit Ingrid Bergman und Humphrey Bogart uraufgeführt

### 1943

- Goebbels propagiert den »totalen Krieg«
- Ende der Widerstandsgruppe »Weiße Rose«
- Aufstand im Warschauer Ghetto scheitert

### 1944

- Alliierte landen in der Normandie
- Stauffenberg-Attentat auf Hitler scheitert
- Charles de Gaulle wird Staatschef Frankreichs
- US-Präsident Franklin D. Roosevelt zum dritten Mal wiedergewählt

### 1945

- KZ Auschwitz befreit
- Bedingungslose Kapitulation Deutschlands
- Vereinte Nationen gegründet
- Beginn der Potsdamer Konferenz
- US-Atombomben zerstören Hiroschi-ma und Nagasaki

### 1946

- Gründung der SED
- Nürnberger NS-Prozesse
- US-Atombombentests im Südpazifik
- Hilfe durch Care-Pakete aus den USA
- Französischer Kolonialkrieg in Vietnam

### 1947

- Marshallplan-Hilfe für Europa
- Indien feiert Unabhängigkeit von Großbritannien
- GATT regelt den Welthandel
- Thor Heyerdahls »Kon-Tiki«-Expedi-tion erfolgreich

### 1948

- Mahatma Gandhi ermordet
- Währungsreform in Ost und West
- UdSSR verhängt Berlin-Blockade
- Staatsgründung Israels
- Korea gespalten
- UNO-Menschenrechtsdeklaration

### 1949

- Gründung der NATO
- Grundgesetz für die Bundesrepublik Deutschland verkündet
- Konrad Adenauer erster Bundes-kanzler
- Proklamation der Deutschen Demo-kratischen Republik
- Chinesische Revolution

◄ **Glenn Miller (vorne, mit Band), der ungekrönte König des Swing**

# 1940

*Samstag 7. Dezember*

 *Politik*

**Kein Kriegseintritt Spaniens:** Diktator Franco sagt dem deutschen Geheimdienstchef Canaris in Madrid, daß Spanien entschieden neutral bleibt. Deutschland und Italien bemühen sich vergebens, das faschistische Spanien als Verbündeten zu gewinnen. Dabei hatten sie selbst durch ihre Unterstützung Francos im Spanischen Bürgerkrieg der 30er Jahre zum Sieg der Faschisten beigetragen. Selbst als Hitler die Eroberung der britisch-besetzten Insel Gibraltar durch deutsche Fallschirmjäger anbietet, bleibt Franco hart. Ab 1941 erlaubt er aber die Freiwilligenwerbung für den Krieg gegen die Sowjetunion.

 *Politik*

**Der Handelsvertrag mit Iran** ist perfekt. In Berlin enden die Verhandlungen über den Warenaustausch, der gemäß dem Motto »deutsche Maschinentechnik gegen iranisches Erdöl« abläuft. Wegen des Vertrages besetzen britisch-sowjetische Truppen 1941 den Iran.

 *Wetter*

**Unangenehm kalt** ist das Wetter im Dezember 1940. Es läßt einen harten Kriegswinter befürchten. Häufige Niederschläge sorgen für viel Schnee.

*Sonntag 7. Dezember*

---

*Politik*

**Japan überfällt die US-Marine** in Pearl Harbor. Ohne Vorankündigung versenken japanische Kampfflieger, die von Flugzeugträgern aus gestartet sind, die amerikanische Pazifikflotte. Ihr Angriff zieht die stärkste Macht der Welt in den Zweiten Weltkrieg hinein. Zwar erzielen Japan und Deutschland 1942 noch Erfolge, aber auf Dauer sind die Amerikaner, die mit Briten und Sowjets verbündet sind, unbezwingbar. Keine Koalition der Welt kann den Vereinigten Staaten wirtschaftlich das Wasser reichen. 1942 werden 60 000 Flugzeuge und 45 000 Panzer gebaut.

---

*Sport*

**Langeweile herrscht im Fußball** wegen Gegnermangels. Heute schlagen die deutschen Kicker das Team der Slowakei mit 4:0.

---

*Wetter*

**Nach Jahren** liegen die Temperaturen im Dezember 1941 mit durchschnittlich 2,0 °C wieder über dem langjährigen Mittel (0,7 °C). Viel Niederschläge sorgen für eine unangenehme Witterung.

| Preise in den 40er Jahren | |
| --- | --- |
| 1 kg Butter | 3,50 |
| 1 kg Mehl | 0,45 |
| 1 kg Fleisch | 1,60 |
| 1 l Vollmilch | 0,26 |
| 1 Ei | 0,12 |
| 10 kg Kartoffeln | 1,00 |
| 1 kg Zucker | 0,76 |
| | |
| Stundenlohn | 0,81 |
| in RM, Stand 1943 | |

# 1942

*Montag 7. Dezember*

**Ein Edelweiß, kurze Lederhose,** buntes Hemd und Halstuch sind äußere Merkmale der »Edelweißpiraten«. Im Ruhrgebiet nimmt die NS-Polizei heute 384 Jugendliche fest, die zu den Edelweißpiraten gehören sollen. Die meist zwischen 14 und 18 Jahre alten Heranwachsenden sind entschiedene Gegner der Nazis und haben ihre Hochburgen in Arbeitersiedlungen. Sie besprühen Häuserwände mit Parolen und prügeln sich mit der Hitlerjugend. Es gibt aber keinen Zusammenschluß, sondern nur eine lockere Form des Zusammengehörigkeitsgefühls bei den Edelweißpiraten, die auch in Köln ganze Stadtteile phasenweise »nazifrei« halten.

 *Kultur*

**Ihren 200. Geburtstag** feiert die Berliner Staatsoper. Der Renommierbau Unter den Linden wurde 1742 von König Friedrich II. eröffnet. Mozart höchstpersönlich hat hier 1789 seiner Oper »Die Entführung aus dem Serail« gelauscht.

 *Wetter*

**Strahlender Sonnenschein** bringt im Dezember 1942 milde Temperaturen um 2,9 °C. Es werden nur 27 mm Niederschläge gemessen; der langjährige Mittelwert für Dezember liegt bei 41 mm.

## Dienstag 7. Dezember

### Gesellschaft

**Deutschlands Journalisten** werden auf der Weimarer Tagung der deutschen Presse auf NS-Kurs gehalten. Propagandachef Goebbels schärft den Schreibern ein, daß sie für das Klima an der »Heimatfront« verantwortlich seien. Der »Schere im Kopf« folgt in Deutschland seit Machtantritt Hitlers aber auch die »Schere am Zensurtisch«. Monatszeitungen z. B. müssen den entsprechenden Stellen vor Erscheinen vorgelegt werden. Fotomaterial zeigt nur siegende Deutsche.

Eine galoppierende Ordensinflation herrscht im Deutschen Reich. 161 Eisenbahner erhalten heute das Kriegsverdienstkreuz. Jeder Berufszweig wird von den Nazis inzwischen als »kriegswichtig« geehrt.

### Politik

**Der niederländische Faschistenführer** Anton Adriaan Mussert kommt zu Gesprächen mit Hitler nach Berlin. Seit 1931 leitet er den Zusammenschluß der niederländischen Rechtsextremisten, hat aber auch nach der Besetzung der Niederlande durch Deutschland 1940 kein politisches Amt bekommen.

### Wetter

**Kälter und trockener** als gewöhnlich ist der Dezember 1943. Bei Temperaturen um den Gefrierpunkt fallen wenig Niederschläge (24 mm).

*Politik*

**Im griechischen Bürgerkrieg,** den kommunistische Untergrundkämpfer gegen die bürgerliche Regierung Papandreu führen, steht die Entscheidung bevor: Britische Truppen, die die Bürgerlichen unterstützen, greifen mit schweren Waffen ein. Die Sowjetunion verhält sich still. Diktator Stalin und der britische Premier Churchill haben den Balkan längst in »Einflußgebiete« geteilt. Die Briten können sich in Griechenland und Jugoslawien einmischen, die Sowjets in den anderen Ländern.

 *Gesellschaft*

**Ohne Einigung** endet in Chicago eine Tagung über die Zukunft des Luftverkehrs. Die Amerikaner wollen völlige Freiheit im Luftraum, die Briten eine Organisation, die sich um Standards und Konflikte kümmert. Die ab 1947 regelmäßig tagende Internationale Luftverkehrskonferenz (ICAO) geht aus dem Streit als Kompromiß hervor.

 *Wetter*

**Trotz vieler Sonnentage** und geringer Niederschläge bleiben die Temperaturen im Dezember 1944 zu niedrig für die Jahreszeit. Das Thermometer erreicht Werte um −1,8 °C, während das langjährige Mittel für Dezember bei 0,7 °C liegt.

# 1945

## Freitag 7. Dezember

### Gesellschaft

**Schon die zweite Zeitung** in Berlin seit Kriegsende erscheint mit der Erstausgabe des »Nacht-Expreß«. Der »Kurier« war das erste Blatt, das den Informationshunger der Bevölkerung stillen wollte. Die Zeitungen im besetzten Deutschland dürfen nur mit Genehmigung der Besatzungsmächte herauskommen. Sie unterliegen einer strengen Zensur. Die erste überregionale Zeitung in Nachkriegsdeutschland ist die »Süddeutsche Zeitung«, die in amerikanischer Lizenz schon seit Sommer 1945 zu haben ist.

### Gesellschaft

**Auf den Philippinen** verurteilt ein US-Militärgericht den früheren japanischen Oberkommandierenden des Inselstaates, Yamashita, zum Tode. Auch die japanischen Kriegsverbrecher werden seit Kriegsende vor Gerichten abgeurteilt.

#### Rekorde in den 40er Jahren

**5000 m:** G. Hägg (SWE) – 13:58,2 min (1942)
**Hochsprung:** Fanny Blankers-Koen (HOL) – 1,71 m (1943)
**Marathon:** Suh Yun Bok (KOR) – 2:25:39 h (1947)
**Speerwerfen:** Natalia Smirnizkaja (URS) – 53,41 m (1949)

### Wetter

**Mit einem relativ milden Dezember** geht das Jahr 1945 zu Ende. Die Temperaturen ergeben einen Durchschnitt von 1,4 °C. Damit ist es wärmer als in den vergangenen Jahren.

*Samstag 7. Dezember*

 *Gesellschaft*

**Penicillinfälscher** werden von einem amerikanischen Gericht in Berlin zu zehn Jahren Haft verurteilt. Organisierte Banden verkaufen auf dem Schwarzmarkt Traubenzucker und Gesichtspuder als Antibiotikum und lösen damit nicht selten Todesfälle aus. Das 1928 entdeckte Wundermittel gegen Infektionen kommt mit den Amerikanern nach Deutschland. Die industrielle Herstellung beginnt gerade. Die Nachfrage ist hingegen immens, da zahllose Menschen wegen Nahrungsmangel für bakterielle Infektionen anfällig sind.

Das Extravagante an diesem Sommerkleid: der mit Tapeziernägeln besetzte Gürtel

 *Gesellschaft*

**Weitere 15 000 Kriegsgefangene** kommen aus britischen Lagern frei. Bis Ende 1946 werden von den elf Millionen deutschen Kriegsgefangenen acht Millionen entlassen.

 *Wetter*

**Bei häufig klarem Himmel** ist der Dezember 1946 unangenehm kalt. Die Durchschnittstemperatur liegt bei –2,2 °C. Mangels Wolken sind so gut wie keine Niederschläge zu verzeichnen.

# 1947

## Sonntag 7. Dezember

**Aus seinem Schweizer Exil** bietet Belgiens König Leopold III. seinen Landsleuten seine Rückkehr an. Im Sommer haben die sozialistischen Parteien eine erneute Thronbesteigung Leopolds entschieden abgelehnt und den Monarchen der Kollaboration mit den Deutschen während des Krieges bezichtigt. 1950 kehrt Leopold tatsächlich auf den Thron zurück, wird aber binnen weniger Tage durch einen Generalstreik zur Abdankung gezwungen.

Das Modemagazin »Esquire« stellt diese Abendmode für den Herrn vor

Gesellschaft

**Die SED feiert sich selbst** auf dem »Volkskongreß« im Osten Berlins. 1352 Delegierte aus der sowjetisch besetzten Zone, aber auch ein paar hundert aus dem Westen, fordern zum Abschluß der Tagung die Einheit Deutschlands – und meinen eine Einheit unter kommunistischen Vorzeichen.

Wetter

**Wesentlich milder** als im vergangenen Jahr beginnt 1947 der Winter. Im Dezember erreichen die Temperaturen im Durchschnitt 1,8 °C.

# 1948

*Sport*

**Die erste Einladung** deutscher Sportler zu einer Weltmeisterschaft seit dem Zweiten Weltkrieg spricht die Athletic Union der USA aus. Sie bittet die deutschen Bobfahrer, am Wettkampf in Lake Placid 1949 teilzunehmen. Die Deutschen waren zunächst von allen Sportveranstaltungen ausgeschlossen. Olympia sieht erst 1952 wieder Sportler aus Deutschland.

## Stars der 40er Jahre

**Humphrey Bogart**
Filmschauspieler
**John Wayne**
Filmschauspieler
**Katharine Hepburn**
Filmschauspielerin
**Hans Albers**
Filmschauspieler
**Joe Louis**
Boxer

*Gesellschaft*

**Einige Tausend Menschen** demonstrieren in Hamburg gegen die Sprengung der Hafenanlagen durch Großbritannien. Die Briten zerlegen Teile des Hafengerätes, um sie in ihren eigenen Häfen zu benutzen. Diese »Demontage« ist Teil der Wiedergutmachung für die Kriegszerstörungen durch Deutschland. Besonders hart ist Ostdeutschland betroffen, das von der UdSSR geradezu geplündert wird.

*Wetter*

**Mild** kündigt sich der Winter an. Die Temperaturen im Dezember erreichen Werte um 1,6 °C.

*Mittwoch 7. Dezember*

**Der Bürgerkrieg in China** steht vor seinem Ende: Die nationalchinesische Regierung unter Chiang Kai-shek weicht vom Festland auf die Insel Formosa (Taiwan) aus. Mao Tse-tung begründet die Volksrepublik China. Ähnlich wie bei der deutschen Teilung sehen sich Volksrepublik und Nationalchina jeweils als alleinige Vertreter des Landes und verweigern dem Widerpart die Anerkennung. Die Amerikaner verbünden sich in den 60er Jahren mit Taiwan, als eine kommunistische Invasion der Insel droht.

*Gesellschaft*

**Der Weltgewerkschaftsbund** wird ein Opfer des kalten Krieges. Vertreter aus 53 Ländern sehen ihn »kommunistisch unterwandert« und schließen sich zum Freien Gewerkschaftsbund zusammen. Er vertritt weltweit 46 Millionen Mitglieder.

*Wetter*

**Mit Höchsttemperaturen** präsentiert sich der Dezember 1949. Im Durchschnitt herrschen frühlingshafte 3,6 °C.

Eine Million Flugblätter verteilt die britische Regierung an die Mütter: Sie sollen bei der Überwindung der Nachkriegskrise helfen – durch billiges Kochen, Stopfen statt Wegwerfen und Selbststricken statt Kaufen.

# 1950-1959

## Highlights des Jahrzehnts

### 1950

Ausbruch des Koreakrieges
Abschaffung der Lebensmittel-
marken in Deutschland

### 1951

Debatte um die Wiederaufrüstung
Deutschlands
Skandal um Hildegard Knef als »Sün-
derin«
Erster Schritt zur europäischen Eini-
gung: Montanunion perfekt
Der persische Schah Mohammed Re-
sa Pahlewi heiratet Soraya

### 1952

Helgoland wieder unter deutscher
Verwaltung
Staatsstreich in Ägypten
DDR riegelt Grenze ab
Dwight D. Eisenhower wird zum
34. US-Präsidenten gewählt
USA zünden Wasserstoffbombe
In Deutschland bricht das Fernseh-
zeitalter an

### 1953

Tod des sowjetischen Diktators Josef
Stalin
Volksaufstand in der DDR
Elisabeth II. zur Königin von Groß-
britannien und Nordirland gekrönt
Mount Everest: Höchster Berg der
Welt bezwungen

### 1954

Französische Niederlage in Vietnam
Deutschland wird in Bern Fußball-
weltmeister
Beginn des Algerienkrieges
Mit »That's alright Mama« beginnt
der Aufstieg von Elvis Presley

### 1955

- Die Bundesrepublik wird ein sou-
  veräner Staat
- Gründung des Warschauer Paktes
- Tragischer Tod von James Dean
- Erste »documenta«

### 1956

- Traumhochzeit von Grace Kelly
  und Rainier III. von Monaco
- Volksaufstand in Ungarn
- Suezkrise führt zu Nahostkrieg
- Musical »My Fair Lady« beginnt sei-
  nen Siegeszug um die Welt

### 1957

- Gründung der EWG
- »Sputnik-Schock« bildet Auftakt zu
  Wettlauf im All
- Heinz Rühmann als »Hauptmann
  von Köpenick« gefeiert
- Erste Massenimpfung gegen Kinder-
  lähmung

### 1958

- De Gaulle und Adenauer begründen
  deutsch-französische Freundschaft
- Rock 'n' Roll-Fieber grassiert weltweit
- Pelé – Star der Fußballwelt-
  meisterschaft in Schweden
- Atomium ist Wahrzeichen der Weltausstellung in Brüssel

### 1959

- Fidel Castro übernimmt die Macht in
  Kuba
- Hula-Hoop-Welle schwappt aus den
  USA nach Europa
- Premiere des Marilyn-Monroe-Films
  »Manche mögen's heiß«
- Erste Bilder von der Rückseite des
  Mondes

---

**»Der alte Mann und das Meer«: Ernest Hemingway mit Jagdtrophäe**

*Donnerstag 7. Dezember*

*Gesellschaft*

**Prüm war versichert** – so lautet der Urteilsspruch in Düsseldorf, der eine große Versicherungsgesellschaft zur Zahlung an die Eifelstadt Prüm verdonnert. Dort war 1949 ein Munitionslager explodiert – die Stadt wurde weitgehend zerstört. Die Versicherung verweigerte die Zahlung, weil sie den Schaden als »Kriegsereignis« ansah.

*Politik*

**Preise in den 50er Jahren**

| | |
|---|---|
| 1 kg Butter | 6,75 |
| 1 kg Mehl | 0,76 |
| 1 kg Fleisch | 5,01 |
| 1 l Vollmilch | 0,40 |
| 1 Ei | 0,23 |
| 10 kg Kartoffeln | 2,14 |
| 1 kg Kaffee | 21,40 |
| | |
| Stundenlohn | 1,96 |

in DM, Stand 1955

**Der Kriegszustand** zwischen Deutschland und Ägypten wird von Kairo für beendet erklärt. Nach Gründung der BRD 1949 erklären fast alle früheren Kriegsgegner Deutschlands das Ende des Krieges. Der kalte Krieg verhindert aber den Abschluß eines »echten« Friedensvertrages. Erst 1990 geschieht dies durch den »2+4-Vertrag«, der alle Nachkriegsfragen regelt.

*Wetter*

**Kälte und geringe Niederschläge** beenden das Jahr 1950. Bei nur 12 Stunden Sonnenschein herrscht trübes Dezemberwetter. Die Temperaturen sinken auf frostige Werte um –1,0 °C.

# 1951

### Gesellschaft

**Der Chemieriese I.G. Farben,** ehemals weltgrößter Chemiekonzern, wird in seine Einzelteile zerlegt. Als erster Nachfolgebetrieb entsteht heute in Frankfurt die Farbwerke Hoechst AG. Die Auflösung des Konzerns geht von den Siegermächten des Zweiten Weltkriegs aus. Die I.G. Farben war eng mit den Nazis verbunden: 1948 erhielten 13 ihrer Direktoren in einem Nürnberger Kriegsverbrecherprozeß Haftstrafen.

### Politik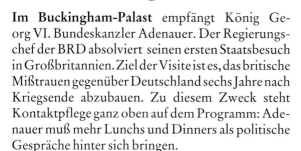

**Im Buckingham-Palast** empfängt König Georg VI. Bundeskanzler Adenauer. Der Regierungschef der BRD absolviert seinen ersten Staatsbesuch in Großbritannien. Ziel der Visite ist es, das britische Mißtrauen gegenüber Deutschland sechs Jahre nach Kriegsende abzubauen. Zu diesem Zweck steht Kontaktpflege ganz oben auf dem Programm: Adenauer muß mehr Lunchs und Dinners als politische Gespräche hinter sich bringen.

### Wetter

**Die extrem hohen Temperaturen** von 1949 übertrifft der Dezember in diesem Jahr noch. Durchschnittlich 3,7 °C werden im ersten Wintermonat bei strahlendem Sonnenschein gemessen.

*Sonntag* **7.** *Dezember*

 *Kultur*

**Britische Kinofans** haben Pech, wenn sie am heutigen Sonntag »Don Camillo und Pepone« sehen wollen. Im Vereinigten Königreich darf auf Kabinettsbeschluß von gestern nur noch eine gekürzte Version laufen. Alle Szenen mit dem sprechenden Christus am Kreuz müssen aus der italienischen Komödie entfernt werden – Christus-Darstellungen auf der Leinwand sind in Großbritannien untersagt.

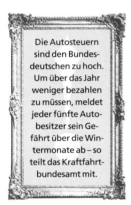

Die Autosteuern sind den Bundesdeutschen zu hoch. Um über das Jahr weniger bezahlen zu müssen, meldet jeder fünfte Autobesitzer sein Gefährt über die Wintermonate ab – so teilt das Kraftfahrtbundesamt mit.

 *Gesellschaft*

**Deutsche kaufen wieder mehr,** das Wirtschaftswunder beginnt langsam aber stetig. Der Einzelhandel trägt dem Rechnung: Beginnend mit dem heutigen Sonntag, bleiben die Geschäfte bis Weihnachten am Sonntagvormittag geöffnet. Die Geschenklücken können nun die ganze Woche über geschlossen werden.

 *Wetter*

**Sonnig und trocken,** aber kalt ist der Dezember in diesem Jahr. Die Durchschnittstemperatur liegt mit –0,6 °C deutlich unter dem langjährigen Mittelwert von 0,7 °C.

# 1953

## Montag 7. Dezember

 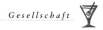
**Amerika denkt an seine neuen Freunde:** Die Bevölkerung der USA spendet so viel, daß die CARE-Mission in Bonn heute versprechen kann, daß 200 000 Bedürftige Deutsche zu Weihnachten ein Geschenkpaket mit Lebensmitteln erhalten. Besonders Flüchtlinge aus dem Osten und Rentner werden bedacht. Die CARE-Organisation entstand unmittelbar nach Kriegsende und organisierte die weltweiten Hilfsaktionen für Europas Notleidende. Seit letztem Jahr können Bundesbürger auch CARE-Pakete erwerben und in die DDR zu Verwandten und Freunden schicken.

Politik

**Kohle und Stahl** sind in Europa seit 1951 Sache der Montanunion. Die Mitglieder Italien, Frankreich, die Benelux-Staaten und die BRD vereinbaren, mehr Geld in die Schwerindustrie zu pumpen und die Produktion um 20 % zu steigern. Seit Februar können in den Mitgliedsstaaten alle Kohle- und Stahlprodukte zollfrei gehandelt werden.

Wetter

**Mild zeigt sich der Dezember** 1953. Auch regnet es viel seltener als gewöhnlich. Das Thermometer schwankt um 2,2 °C.

**Allerhöchster Kritik** sieht sich Buchautor Friedrich Lenz ausgesetzt. Der Bundestagsausschuß zum Schutz der Verfassung fordert, ihm vom Bundesverfassungsgericht die Grundrechte absprechen zu lassen. Lenz hat in seinem Buch »Der ekle Wurm der deutschen Zwietracht« die Männer des Attentats auf Hitler vom 20. Juli 1944 für den Kriegsausbruch mitverantwortlich gemacht. Die Militärs hätten 1939 ohne Skrupel Polen angegriffen und erst im Angesicht der Niederlage »ihren« Diktator bekämpft.

🍸 *Gesellschaft*

Stets korrekt und im Zweifelsfall eher weit geschnitten: Herrenmode in den 50ern

**Die größte Suchkartei der Welt** finanziert die Bundesregierung beim Deutschen Roten Kreuz. Dort sollen 20 Millionen Karteikarten systematisiert werden, um das Schicksal vermißter Kriegsgefangener und Zivilisten zu klären.

 *Wetter*

**Schon zum dritten Mal** seit 1949 präsentiert sich der Dezember sehr mild. Bei durchschnittlich 3,7 °C gerät der Winteranfang 1954 fast in Vergessenheit.

*Politik*

**Der Druck auf Christen in der DDR** nimmt weiter zu. Von nun an dürfen evangelische Studentengruppen an den Hochschulen keine Veranstaltungen mehr durchführen. Gerade die Protestanten sind besonders aktiv – und der SED-Führung ein Dorn im Auge. Schon 1953 wurde die »Junge Gemeinde«, die Jugendorganisation der evangelischen Kirchen, unter Beschuß genommen und für illegal erklärt. Die »Junge Gemeinde« darf später wieder auftreten und wird ein Sammelbecken der Menschenrechtsbewegung in der DDR.

Für eine gute Figur auf der Tanzfläche: Kleid aus Chiné-Taft

*Politik*

**Marokkos Unabhängigkeit** steht mit der Bildung der ersten Regierung in Rabat vor der Tür. Die französische Kolonialmacht akzeptiert die Loslösung des nordafrikanischen Landes im Februar 1956.

*Wetter*

**Mit 2,0 °C erreicht der Dezember** 1955 eine recht angenehme Durchschnittstemperatur, die deutlich über dem langjährigen Mittel liegt (0,7 °C).

*Gesellschaft*

**Die 45-Stunden-Woche** erwartet nach Abschluß der Tarifverhandlungen in der Textilindustrie die bundesdeutschen Arbeiter ab dem 1. Januar 1957. Vorreiter bei der Senkung der Wochenarbeitszeit um drei Stunden waren die Bremer Metaller, die seit dem 1. Oktober früher zu Hause sind. Mit Jahresbeginn 1957 gilt auch in 45 Großbetrieben der DDR die verringerte Arbeitszeit.

 *Politik*

**Seinen Sinn für Realpolitik** beweist Konrad Adenauer auf der Bundespressekonferenz in Bonn. Er erklärt, daß er weiter an vertieften Beziehungen zur UdSSR interessiert sei, auch wenn sowjetische Panzer vier Wochen zuvor den Volksaufstand in Ungarn blutig beendet haben und bis heute die Deportationen und Hinrichtungen andauern. Er sieht den »Weg über Moskau« als einzige Möglichkeit, Veränderungen im Ostblock zu erreichen. Die UdSSR ist der einzige Staat des Warschauer Paktes, zu dem Bonn diplomatische Beziehungen hat.

 *Wetter*

**Die Sonne scheint** im Dezember 1956 relativ häufig (41 Stunden). Sie erwärmt die Luft auf durchschnittliche 2,3 °C.

*Samstag 7. Dezember*

### Gesellschaft

**Italienische »Gastarbeiter«** sind im Wirtschafts-wunderland BRD begehrt. Die Bundesanstalt für Arbeitsvermittlung meldet, daß 1957 fast 8000 Italiener an deutsche Firmen vermittelt wurden. Dies ist erst der Beginn einer großangelegten Anwerbung durch die deutsche Industrie: 1964 wird der einmillionste Gastarbeiter mit Blumen und einem Moped als Geschenk in der Republik empfangen.

### Politik

**Auf Zypern stehen alle Räder still.** Ein Streik, zu dem die griechische Untergrundorganisation EOKA aufgerufen hat, wird überall befolgt. Die EOKA streitet für einen eigenen Staat, einige suchen sogar den Anschluß an Griechenland. 1960 entläßt Großbritannien die Insel in die Unabhängigkeit.

**Rekorde in den 50er Jahren**

**Kugelstoßen:** Jim Fuchs (USA) – 17,95 m (1950)
**10 000 m:** Emil Zátopek (TCH) – 28:54,6 min (1954)
**800 m:** R. Moens (BEL) – 1:45,7 min (1955)
**Eisschnellauf:** Eugen Grischin (URS) – 1000 m in 1:22,8 min (1955)

### Wetter

**Kühler als in den Vorjahren** ist der Dezember 1957 mit einer mittleren Temperatur von 0,6 °C. Gemessen am langjährigen Mittelwert von 0,7 °C liegen die Temperaturen aber im Normalbereich.

*Sonntag 7. Dezember*

*Gesellschaft*

**Wahlbegeisterung herrscht in Westberlin**, wo sich 93,7 % aller Wahlberechtigten am Urnengang beteiligen. Die angespannte Lage der »westlichen Insel« im Ostblock fördert die politische Beteiligung. Nach der Endauszählung steht fest, daß die SPD die absolute Stimmenmehrheit hat. 15 Prozentpunkte weniger erreicht die CDU. Die beiden Parteien sind die einzigen im Abgeordnetenhaus, alle anderen scheitern an der 5%-Hürde.

*Politik*

**Die Demokraten Venezuelas** können sich in Wahlen durchsetzen. Die im Zweiten Weltkrieg entstandene »Demokratische Aktion« war 1947 vom Militär von der Macht verdrängt worden und kehrt nun nach über zehnjährigem Verbot in freien Wahlen an die führende Position zurück. Ihr Präsidentschaftskandidat Romulu Betancourt erhält fast 50% der Stimmen und tritt sein Amt 1959 an. Sein wichtigster Rivale war Wolfgang Larrazabl, der im Januar die Diktatur Jiménez beendet hatte.

*Wetter*

**In diesem Jahr wird es nichts** mit der weißen Weihnacht. Die Temperaturen im Dezember 1958 liegen bei 2,5 °C – fast zwei Grad höher als normal.

# 1959

*Montag 7. Dezember*

**Sehr gereizt reagiert die Bundesregierung** auf die gestrigen Äußerungen des indischen Ministerpräsidenten Nehru. Er hat behauptet, daß niemand die deutsche Wiedervereinigung wirklich wolle. Tatsächlich ist die Wiedervereinigung beider deutscher Staaten gerade in Europa mit Ängsten verbunden, weil von einem starken Deutschland im 20. Jahrhundert zweimal Krieg ausging. Frankreichs Präsident de Gaulle soll einmal zur Wiedervereinigungsfrage gesagt haben: »Immer drüber reden, nie dran denken.« 1989/90 treten diese Bedenken offen zutage.

### Stars der 50er Jahre

**Marilyn Monroe**
Filmschauspielerin
**James Dean**
Filmschauspieler
**Elvis Presley**
Sänger
**Sophia Loren**
Filmschauspielerin
**Brigitte Bardot**
Filmschauspielerin

**Gegen Frankreichs Atomversuche** in der Sahara wollen Demonstranten aus Ghana protestieren. Sie werden aber an der Grenze zu der französischen Kolonie von französischen Truppen gestoppt.

**Der Winter beginnt** 1959 mit milden Temperaturen. Der Durchschnittswert von 1,5 °C im Dezember läßt die Niederschläge meist als Regen fallen.

## Highlights des Jahrzehnts

### 1960

- Gründung der EFTA
- Frankreich wird 4. Atommacht
- John F. Kennedy wird 35. Präsident der USA
- Hochzeit des Jahres: Fabiola und König Baudouin von Belgien

### 1961

- Erster Mensch im Weltraum: der Russe Juri Gagarin
- Bau der Mauer in Berlin
- Gründung von Amnesty International

### 1962

- Flutkatastrophe an der Nordseeküste und in Hamburg
- Kuba-Krise: USA erzwingen Abbau sowjetischer Raketenbasen
- »Spiegel«-Affäre löst Regierungskrise aus
- Start der erfolgreichsten Serie der Kinogeschichte: James Bond

### 1963

- Deutsch-Französischer Freundschaftsvertrag
- US-Präsident Kennedy wird in Dallas erschossen
- Marika Kilius und Hans-Jürgen Bäumler werden Weltmeister im Eiskunstlaufen

### 1964

- Die USA greifen in den Vietnamkrieg ein
- Revolution in der Damenmode: der Minirock
- Der 22jährige Cassius Clay wird jüngster Boxweltmeister
- UdSSR: Breschnew neuer KP-Chef

- Erfolgreichste Pop-Gruppe der 60er: die Beatles
- Den Rolling Stones gelingt der internationale Durchbruch

### 1965

- Im Alter von 90 Jahren stirbt in London Winston Churchill
- Erste Fotos vom menschlichen Embryo im Mutterleib
- Ziehung der Lottozahlen erstmals im Fernsehen

### 1966

- Große Koalition aus CDU/CSU und SPD gebildet
- APO beginnt sich zu formieren

### 1967

- Sechs-Tage-Krieg in Nahost
- Erste Herztransplantation
- Bürgerkrieg in Biafra
- Kult-Musical »Hair« wird uraufgeführt

### 1968

- Ermordung des schwarzen Bürgerrechtlers Martin Luther King und des US-Präsidentschaftskandidaten Robert Kennedy
- »Prager Frühling« durch Einmarsch von Warschauer-Pakt-Truppen beendet
- Aufklärungswelle erreicht den Schulunterricht

### 1969

- Willy Brandt wird Kanzler einer sozialliberalen Koalition
- Der erste Mensch betritt den Mond
- »Sesamstraße« begeistert Millionen von Kindern
- Rockfestival in Woodstock

◀ 1969: Die ganze Welt wird vor dem Fernseher mondsüchtig

*Politik*

**Ghana, Ägypten und Ceylon** ziehen ihre Soldaten aus dem UN-Kontingent im Kongo ab. Die Länder protestieren gegen die von der Weltorganisation tolerierte Festnahme des Ex-Ministerpräsidenten Lumumba. Vor fünf Tagen haben ihn Truppen des Diktators Mobutu gekidnappt. Mobutu ist westfreundlich eingestellt, Lumumba, der im Januar hingerichtet wird, ein Sozialist. Der Bürgerkrieg in der vormals belgischen Kolonie Kongo dauert an. Seit dem Sommer ist das spätere »Zaïre« unabhängig.

**Preise in den 60er Jahren**

| | |
|---|---|
| 1 kg Butter | 7,58 |
| 1 kg Mehl | 1,06 |
| 1 kg Fleisch | 7,91 |
| 1 l Vollmilch | 0,50 |
| 1 Ei | 0,21 |
| 10 kg Kartoffeln | 2,88 |
| 1 kg Kaffee | 16,61 |
| Stundenlohn | 4,15 |

in DM, Stand 1964

 *Kultur*

**New Yorks Publikum** erlebt die Erstaufführung des Balletts »Ebony Concerto«. Das Werk von Igor Strawinsky sorgt im City Center für ein volles Haus und viel Begeisterung.

 *Wetter*

**Sonnenreich und zu warm** ist der Dezember in diesem Jahr. 40 Stunden Sonnenschein führen dazu, daß die Durchschnittstemperatur 1,6 Grad höher liegt als gewöhnlich.

# 1961

*Donnerstag* 7. *Dezember*

**Indien ist es sehr ernst** mit seinen Drohungen gegenüber den portugiesischen Kleinbesitzungen an seiner Westküste. Ministerpräsident Nehru gibt die Zusammenziehung von Truppen um das Gebiet von Goa bekannt. Da Portugal dennoch stur bleibt, läßt Nehru die Truppen am 18. Dezember einmarschieren und beendet die 456jährige Kolonialgeschichte von Goa. Die Salazar-Diktatur in Portugal verweigert ihren Kolonien – wie Angola und Moçambique – die Unabhängigkeit und kommt letztendlich darüber zu Fall. Die Portugiesen haben 1974 genug von Kolonialkriegen und stürzen das Regime in der »Nelkenrevolution«.

**Parteivorsitz und Fraktionsführung** bleiben bei der SPD in einer Hand: Wahlen bestätigen Erich Ollenhauer. Der 60jährige ist seit 1952 der wichtigste Mann der Sozialdemokraten.

**Ein früher Wintereinbruch** senkt den Temperaturschnitt im Dezember 1961 auf –1,5 °C (langjähriges Mittel 0,7 °C). Mit ungewöhnlichen 65 Sonnenscheinstunden werden die Deutschen für die Kälte entschädigt.

*Freitag 7. Dezember*

*Gesellschaft*

**Die Vollbeschäftigung** steht nach dem Bericht des Bundeswirtschaftsministeriums vor der Tür. Bei einer Arbeitslosenquote von 0,7% sind knapp 150 000 Menschen ohne Beschäftigung. Für diejenigen, die in Lohn und Brot stehen, enthält die Lohntüte ein Zehntel mehr Geld als im Vorjahr. Niemals zuvor war die wirtschaftliche Situation in Deutschland so gut.

*Gesellschaft*

»Mini« heißt das Schlagwort der 60er – hier in Form eines Strickkleides

**Jeder hat ein Recht auf Urlaub,** sobald er sechs Monate angestellt ist. Der Bundestag verabschiedet das Bundesurlaubsgesetz, das die Menge der Urlaubstage regelt: 15 Tage muß der Arbeitgeber seinen Arbeitern zugestehen, wobei die Samstage allerdings mitgerechnet werden. Samstage sind noch ganz normale Arbeitstage. Für Arbeiter über 35 Jahre gibt es drei Tage mehr.

*Wetter*

**Noch frostiger als 1961** zeigt sich der Dezember in diesem Jahr mit einer Durchschnittstemperatur von –3,0 °C. Die Sonne scheint 57 Stunden.

*Samstag* **7.** *Dezember*

## *Gesellschaft*

**Die Atombomben**, die amerikanische Flugzeuge 1945 über Nagasaki und Hiroschima abwarfen, haben in Japan nichts an Aktualität eingebüßt. In Tokio stellt ein Bezirksgericht fest, daß die Amerikaner durch den Abwurf das Völkerrecht verletzt haben. Zwischen 100 000 und 200 000 Zivilisten haben dabei ihr Leben verloren, und noch immer sterben täglich Menschen an den Spätfolgen des nuklearen Angriffs. Die Amerikaner verteidigen sich mit dem Hinweis, daß durch die Bomben der Zweite Weltkrieg sofort beendet worden sei, was Hunderttausenden Soldaten das Leben gerettet hätte.

## *Politik*

**Amerika verläßt Marokko:** Wie 1959 vereinbart, schließen die USA ihre letzten Stützpunkte in dem souveränen nordafrikanischen Land, das als eine ihrer Bastionen im Mittelmeer diente.

## *Wetter*

**Der Trend der Vorjahre** setzt sich 1963 fort. Bei –2,7 °C Durchschnittstemperatur herrscht im Dezember trockenes Frostwetter.

Kurzer Mantel mit Schlaghose: Auch in die Männermode kommt Bewegung

*Montag 7. Dezember*

 *Technik*

**Hanau wird Schwerpunkt** der deutschen Kernenergietechnologie. Großbritannien und die BRD beschließen die Zusammenarbeit zwischen der britischen Atomenergiebehörde und der deutschen Nukem in Hanau. Eine gemeinsame Gesellschaft nimmt als Nukleardienst GmbH in Hanau den Betrieb auf. Die Atomenergie ist in der Bundesrepublik groß im Kommen: 1966 geht in Gundremmingen der erste kommerzielle Reaktor ans Netz. Die Gefahren sieht man erst später: So verliert die Firma Nukem wegen Fahrlässigkeit und einer dubiosen Tochterfirma 1988 die Betriebsgenehmigung.

Südkorea entdeckt wichtige Gemeinsamkeiten mit der Bundesrepublik: Präsident Chung Hee, seine Frau und 18 Regierungsmitglieder beraten mit den Bonner Größen die Erfahrungen mit dem Leben in geteilten Staaten.

 *Kultur*

**»Beat Against Bomb«** ist das Motto eines Happenings im Cavern-Club in Liverpool. Im Mekka des Beat spielen Pop- und Beatbands protestierend gegen die Atombewaffnung und den »Overkill« an.

☀ *Wetter*

**Erstmals seit 1960** liegt die Durchschnittstemperatur im Dezember 1964 mit 1,4 °C wieder im Plusbereich. Dabei ist es meist bewölkt.

### Gesellschaft

**Den Weg zur Ehe** zwischen Prinzessin Beatrix und dem deutschen Diplomaten Claus von Amsberg macht das niederländische Parlament frei. Durch ein Sondergesetz verleiht es dem deutschen Verlobten der Königstochter die niederländische Staatsbürgerschaft. Die Hochzeit der beiden am 10. März 1966 ist in den Niederlanden sehr umstritten. Von Amsberg war im Zweiten Weltkrieg, als Deutschland den kleinen neutralen Nachbarn besetzte, Panzerschütze. Statt erwarteter 250 000 Menschen an den Straßenrändern feiern nur knapp 80 000 die Hochzeit ihrer Prinzessin.

### Sport

**Mit 133 von 155 möglichen Stimmen** wird der australische Leichtathlet Ron Clarke von Sportjournalisten aus aller Welt zum »Sportler des Jahres« gekürt. Clark hat in den letzten zwölf Monaten elf Lauf-Weltrekorde aufgestellt. Damit bewies der 28jährige, daß er sein eklatantes Leistungstief vom Vorjahr überwunden hat.

### Wetter

**Sonnig und warm** verläuft der Dezember 1965 mit einem Temperaturschnitt von 2,7 °C und 67 Sonnenscheinstunden.

*Mittwoch 7. Dezember*

*Technik*

**Alle »Starfighter«** haben vorläufig Flugverbot. Vor zehn Tagen ist bei Büchel bereits die 65. Bundeswehrmaschine dieses Typs abgestürzt. Der seit 1955 in Serie gefertigte Kampfflieger bleibt das kritischste Flugzeug der westlichen Armeen. Piloten loben Schubkraft, Geschwindigkeit und Wendigkeit der amerikanischen Entwicklung, fügen aber hinzu, daß der Starfighter nicht stabil in der Luft liegt. Bis zur Außerdienststellung 1991 stürzen 250 Maschinen ab.

*Gesellschaft*

**Die Kulturrevolution in China** treibt seltsame Blüten. Peking teilt mit, daß Tausende Arbeiter eine 6 km lange Hauptverkehrsstraße im Süden der Stadt komplett mit leuchtender Farbe lackiert hätten. Sie sei nun die »erste rotgoldene Straße der Welt«. Die Kulturrevolutionäre wollen alle Traditionen und »westlichen kapitalistischen Werte« in China zerbrechen, um den Sozialismus zu erneuern.

*Wetter*

**Mit durchschnittlich 2,3 °C** Lufttemperatur ist der Dezember 1966 um 1,5 Grad wärmer als gewöhnlich. Zahlreiche Wolkenfelder bringen großzügige 67 mm Niederschlag.

# 1967

### Kultur

**Martin Walsers »Zimmesrchlacht«** kommt in den Münchner Kammerspielen erstmals auf die Bühne. Der 1927 geborene Autor hat sich bei dem Theaterstück an »Wer hat Angst vor Virginia Woolf?« von Edward Albee orientiert: Hier wie dort gerät ein lange verheiratetes Ehepaar an einem geplanten Gästeabend fürchterlich aneinander. Jahrelang aufgestauter Haß bricht aus. Das packende, sprachlich geschliffene Drama wird Walsers größter Erfolg.

**Rekorde in den 60er Jahren**

**Stabhochsprung:** Brian Sternberg (USA) – 5,00 m (1963)
**Hochsprung:** V. Brumel (URS) – 2,28 m (1963)
**Weitsprung:** Bob Beamon (USA) – 8,90 m (1968)
**100 m:** Jim Hines (USA) – 9,9 sec (1968)

### Gesellschaft

**Streiks sind in Spanien illegal**, entscheidet der Oberste Gerichtshof in Madrid. Dort haben 560 Stahlarbeiter geklagt, die wegen eines Streiks entlassen worden sind. Die Entlassung ist rechtmäßig. Das seit 1939 herrschende Franco-Regime tritt die Rechte der Menschen mit Füßen.

### Wetter

**Etwas wärmer** als im Durchschnitt (0,7 °C) präsentiert sich in diesem Jahr der Dezember mit Temperaturen um 1,2 °C.

# 1968

*Samstag* **7.** *Dezember*

 *Politik*

**Ein klarer Fall von Erpressung** ist das »Angebot« von UdSSR-Chef Leonid Breschnew an die Tschechoslowakei. Die Sowjetunion wird der am Rande des Abgrunds stehenden Wirtschaft des Landes mit Erdgas- und Getreidelieferungen und einem Kredit von umgerechnet 2 Mrd. DM helfen, wenn die Führung in Prag alle Reformpolitiker aus der kommunistischen Partei entläßt und zur Rechenschaft zieht. Der »Prager Frühling«, der Versuch einen Sozialismus mit »menschlichem Antlitz« zu errichten, war im August durch den Einmarsch von Truppen des Warschauer Paktes beendet worden. Breschnew will nun sichergehen, daß die Reformbewegung quasi mit »Stumpf und Stiel« vernichtet wird.

 *Kultur*

**Österreich ehrt Carl Zuckmayer** mit dem »Ehrenzeichen für Wissenschaft und Kunst«. Der 71jährige schrieb u.a. die bekannten Schauspiele »Des Teufels General« und »Der Hauptmann von Köpenick«.

 *Wetter*

**Der Winter 68/69** fängt im Dezember mit einem Schnitt von –1,7 °C gleich richtig an. Die 44 mm Niederschlag fast durchweg als Schnee.

## 1969

*Sonntag* **7.** *Dezember*

**Die Baseler Wiedervereinigung** scheitert am Widerstand von Basel-Land. In einer Volksabstimmung lehnen die Einwohner des Halbkantons Basel-Land im Gegensatz zu ihren Nachbarn im Halbkanton Basel-Stadt die Aufhebung der 1833 erfolgten Teilung des Kantons Basel ab. Der Kanton war erst 1803 entstanden, doch beherrschen die Städter von Basel das weiträumige Umland schon seit dem 15. Jahrhundert. Die Landbevölkerung ist in Erinnerung an diese Herrschaft auf ihre kommunale Unabhängigkeit bedacht.

*Gesellschaft*

**Mehr Unabhängigkeit** erreichen die Jusos durch die Beschlüsse ihres Bundeskongresses in München. Ab sofort sind ihre Funktionäre nicht mehr von der Zustimmung der Mutterpartei SPD abhängig.

*Wetter*

**Ein rekordverdächtiges Monatsmittel** von −5,4 °C läßt Deutschland im Dezember 1969 im Eis erstarren. Die 46 mm Niederschlag gehen als Schnee auf die Erde nieder.

**Stars der 60er Jahre**

**Die Beatles**
Popgruppe
**Sean Connery**
Filmschauspieler
**Pelé**
Fußballspieler
**Jean Paul Belmondo**
Filmschauspieler
**Dustin Hoffman**
Filmschauspieler

# 1970-1979

## Highlights des Jahrzehnts

########## *1970* ..........

Neue deutsche Ostpolitik: Moskauer und Warschauer Vertrag
Vietnamkrieg weitet sich auf Kambodscha aus
Einstellung des Contergan-Prozesses

########## *1971* ..........

Einführung des Frauenwahlrechts in der Schweiz
Friedensnobelpreis für Willy Brandt
Hot pants – Modeschlager der Saison
Kinohit »Love Story« rührt Millionen Zuschauer zu Tränen

########## *1972* ..........

Unterzeichnung des Rüstungskontrollabkommens SALT I
Verhaftung von Baader-Meinhof-Terroristen
Überfall palästinensischer Terroristen auf die israelische Mannschaft bei den Olympischen Spielen in München
Unterzeichnung des Grundvertrages zwischen Bundesrepublik und DDR

########## *1973* ..........

Aufnahme beider deutscher Staaten in die UNO
USA ziehen ihre Truppen aus Vietnam zurück
Jom-Kippur-Krieg in Nahost
Ölkrise: Sonntagsfahrverbot auf bundesdeutschen Straßen

########## *1974* ..........

Guillaume-Affäre stürzt Willy Brandt, neuer Bundeskanzler wird Helmut Schmidt
Watergate-Affäre zwingt US-Präsident Nixon zum Rücktritt

- Deutschland wird Fußballweltmeister
- »Nelkenrevolution« in Portugal

########## *1975* ..........

- Beginn des Bürgerkriegs im Libanon
- Unterzeichnung der KSZE-Schlußakte in Helsinki
- Spanien: Tod Francos und demokratische Reformen unter König Juan Carlos I.
- Einweihung des 3 km langen Elbtunnels in Hamburg
- Volljährigkeit von 21 auf 18 Jahre herabgesetzt

########## *1976* ..........

- Umweltkatastrophe in Seveso
- Anschnallpflicht für Autofahrer
- Traumhochzeit des Jahres: Karl XVI. Gustav von Schweden heiratet die Deutsche Silvia Sommerlath

########## *1977* ..........

- Entführung und Ermordung des Arbeitgeberpräsidenten Hanns Martin Schleyer
- Emanzipationswelle: Frauenzeitschrift »Emma« erscheint

########## *1978* ..........

- Friedensverhandlungen zwischen Israel und Ägypten in Camp David
- In England kommt das erste Retortenbaby zur Welt

########## *1979* ..........

- Überfall der Sowjetunion auf Afghanistan
- Schiitenführer Khomeini proklamiert im Iran die Islamische Republik
- Sandinistische Revolution beendet Somoza-Diktatur in Nicaragua

**Reiselustig: Mit Johannes Paul II. wird 1978 erstmals ein Pole Papst**

*Montag 7. Dezember*

*Politik*

**Ein neues Kapitel** der deutsch-polnischen Beziehungen bedeutet die Unterzeichnung des Warschauer Vertrages. Er bereitet die Aufnahme diplomatischer Beziehungen vor und bringt die De-facto-Anerkennung der polnischen Westgrenze – und damit die Anerkennung der Abtretung der deutschen Ostgebiete. Kurz vor der Unterzeichnung besuchte Bundeskanzler Willy Brandt das Denkmal für die von Deutschen im Warschauer Ghetto Ermordeten. Sein spontaner Kniefall vor dem Gedenkmal findet weltweit große Beachtung.

Ihre Macht spielen die britischen Arbeiter in den Elektrizitätswerken aus. Durch einen Bummelstreik zwingen sie die Regierung binnen einer Woche in die Knie und erhalten ihren geforderten 30%igen Lohnzuschlag.

*Politik*

**Guerillas entführen** in Brasilien den Schweizer Botschafter. Sie erzwingen von der Militärjunta die Freilassung politischer Gefangener.

*Wetter*

**Wenig Aufsehen** erregt das Dezemberwetter 1970. Mit 1,7 °C ist es wärmer als normal (0,7 °C), die Niederschlagsmenge (35 mm) weicht aber nur wenig vom langjährigen Mittel (41 mm) ab.

# 1971

## Dienstag 7. Dezember

### Gesellschaft

**Kein Käfer läuft mehr vom Band,** weil die VW-Leitung in Wolfsburg wegen eines Arbeitskampfes der Metaller alle Produktionsanlagen stoppen lassen muß. Dadurch wird der Streik für die deutsche Industrie richtig teuer. Am 10. Dezember geben die Arbeitgeber nach und zahlen die geforderten 7,5 % mehr Lohn. Auch die IG Metall mußte tief in die Taschen greifen: 10 Mio. DM täglich hat sie der zweiwöchige Streik gekostet.

### Gesellschaft

**Nach 14 Jahren in der Todeszelle** kommt der Amerikaner Edgar Smith auf Bewährung frei. Der 1957 wegen Mordes Verurteilte saß länger als jeder andere Häftling in der Todeszelle und verfaßte dort seinen Bestseller »Brief Against Death«.

### Wetter

**Milde statt weiße Weihnacht** gibt es im Dezember 1971. Mit 4,7 °C Durchschnittstemperatur ist es vier Grad wärmer als gewöhnlich. Aus den wenigen Wolken fallen nur 26 mm Niederschlag statt der zu erwartenden 41 mm.

## Rekorde in den 70er Jahren

**100 m:** Marlies Göhr (GDR) – 10,88 sec (1977)
**Hochsprung:** Rosemarie Ackermann (GDR) – 2,00 m (1977)
**Weitsprung:** Vilma Bardauskiene (URS) – 7,09 m (1978)
**800 m:** S. Coe (GBR) – 1:42,4 min (1979)

## 1972

*Donnerstag 7. Dezember*

  *Technik*

**Die vorerst letzte Mondreise** von Menschen beginnt mit dem Start von »Apollo 17«. Ihre drei Bordmitglieder kehren nach dreizehn Tagen wohlbehalten zur Erde zurück. Noch einmal haben sie für fast 75 Stunden den Erdtrabanten besucht und 117 kg Mondgestein mitgebracht. Nach dem von den Amerikanern effektvoll stilisierten »Wettlauf zum Mond«, der 1969 mit der Landung von »Apollo 11« endete, ist das Interesse der Bevölkerung an der Raumfahrt erlahmt. Der Nutzen der Programme ist für den Bürger nicht mehr ersichtlich.

  *Politik*

**Die Bonner Entspannungspolitik** wird von der NATO begrüßt. Besonders der vor der Unterzeichnung stehende Grundlagenvertrag mit der DDR erleichtert die Position der westdeutschen Verbündeten, die nun diplomatische Beziehungen zur DDR aufnehmen können. Bisher hat die BRD ihre Beziehungen zu Staaten abgebrochen, die die DDR anerkannt haben.

  *Wetter*

**Verhältnismäßig mild und trocken** bleibt es im Dezember 1972 mit 1,4 °C und 28 mm Niederschlag im Monatsdurchschnitt.

## Politik

**Schwedens Geheimdienst** macht zwei Journalisten in einem nichtöffentlichen Verfahren den Prozeß. Die Medienleute sollen staatsgefährdendes Material veröffentlicht haben. In dem skandinavischen Land ist der Geheimdienst häufig Gegenstand von Kontroversen und dubiosen Verdächtigungen. Auch als Ministerpräsident Olof Palme 1986 auf offener Straße getötet wird, rücken Polizei und Geheimdienst in den Kreis der Verdächtigen.

**Stars der 70er Jahre**

**Robert de Niro**
Filmschauspieler
**Jane Fonda**
Filmschauspielerin
**Woody Allen**
Filmregisseur
**Steven Spielberg**
Filmregisseur
**Muhammad Ali**
Boxer

## Politik

**»Weizen statt Waffen«** fordert die UNO-Vollversammlung, die einen spektakulären sowjetischen Vorschlag annimmt: Alle Staaten im Sicherheitsrat sollen 10 % ihres Rüstungsetats streichen und für Entwicklungshilfe ausgeben. Die geschickte Propagandainitiative der UdSSR verläuft im Sand.

## Wetter

**Das Jahr 1973 endet** ohne große Überraschungen: Mit Temperaturen um 0,5 °C ist es etwas kälter als gewöhnlich (0,7 °C).

# 1974

 *Politik*

**Die Macht des Arztes** endet nach Meinung der Ärztekammer und des Ärztetages, wenn Menschen in den Hungerstreik treten. Die Frage »Zwangsernährung oder nicht?« kam vor vier Wochen auf, als der RAF-Terrorist Holger Meins im Gefängnis Wittlich starb. Bei seinem Tod wog der Mann gerade noch 39 kg. Der Streit um die Reaktion auf hungerstreikende Häftlinge führt 1977 zu einem neuen Strafvollzugsgesetz, das Zwangsernährung bei Lebensgefahr vorschreibt.

 *Politik*

**Nach fünfmonatigem Exil** kehrt Erzbischof Makarios III. als Staatspräsident nach Zypern zurück. Er war im Sommer von der Nationalgarde vertrieben worden, die Zypern Griechenland anschließen wollte und die türkische Invasion auslöste. Seitdem besteht die Inselrepublik aus einem zypriotisch-griechischen und einem türkischen Teil.

 *Wetter*

**Herbstlich naß und ungewöhnlich warm** ist es im Dezember 1974. Mit 5,2 °C wird der langjährige Mittelwert um 4,5 Grad überschritten. Die Niederschlagsmenge liegt mit 62 mm 50 % höher, als normalerweise zu erwarten ist.

# 1975

## Sonntag 7. Dezember

*Politik*

Eine »**Friedensdoktrin**« für den Pazifik stellt US-Präsident Gerald Ford auf Hawaii vor, wo er nach Abschluß seiner Asienreise landet. Amerikanische Stärke, Partnerschaft zu Japan und normale Beziehungen zu China seien die Erfolgsformel für eine friedliche Zukunft des pazifischen Raumes. Die Amerikaner bemühen sich nach dem gerade beendeten Vietnamkrieg, ihr Image wieder aufzupolieren und die »politische Initiative« im Pazifik zurückzugewinnen. Zukunftsforscher sagen ein »Pazifisches Jahrhundert« voraus, in dem der Wirtschaftsschwerpunk der Welt zwischen Japan, China und Südostasien liegen wird.

*Politik*

**Timor**, das sich gerade von den Portugiesen befreit hat, wird Indonesien einverleibt.

*Wetter*

**Abermals zu warm** präsentiert sich der Dezember in diesem Jahr. Um zwei Grad wird der Normalwert für diesen Monat überschritten. Der Niederschlag von 45 mm fällt dabei meist als Regen.

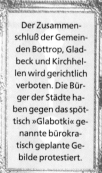

Der Zusammenschluß der Gemeinden Bottrop, Gladbeck und Kirchhellen wird gerichtlich verboten. Die Bürger der Städte haben gegen das spöttisch »Glabotki« genannte bürokratisch geplante Gebilde protestiert.

# 1976

*Dienstag 7. Dezember*

 *Sport*

**Sport und Gewerkschaft** bringt die Schweiz zusammen. In Bern entsteht die »Vereinigung Schweizer Fußballspieler«, die die Interessen der Profis gegenüber den Vereinen und Verbänden vertreten will. Ähnliche Ideen verbreiten sich auf vielen Sportfeldern. Häufig verkommen diese »Gewerkschaften« aber zu rein profitorientierten Organisationen, die aus Sponsoren und Veranstaltern ein Maximum an Kapital schlagen wollen.

🌐 *Politik*

**Zum zweiten Mal** wird Kurt Waldheim zum Generalsekretär der UNO gewählt. Der Österreicher ist ein sehr angesehener Diplomat. Als österreichischer Bundespräsident ab 1986 hat Waldheim mit Vorwürfen wegen seiner NS-Vergangenheit zu kämpfen.

Ausgestellte Hosen und viel Schmuck trägt die moderne Frau in den 70er Jahren

 *Wetter*

**Bestes Winterwetter** bietet der Dezember 1976. Die Temperaturen um –0,3 °C werden bei trockenem Wetter (nur 26 mm Niederschlag) als angenehm empfunden.

*Politik*

**Parteienhader** führt zum Rücktritt der portugiesischen Regierung von Ministerpräsident Soares. Der Chef der Sozialisten hat 1976 die ersten freien Wahlen in Portugal nach 40 Jahren Diktatur gewonnen, verfügt aber über keine stabile Mehrheit. Er wird bis 1978 erneut und dann wieder 1983-85 Regierungschef. In dieser Zeit fördert er die »Westintegration« Portugals, die 1986 mit der Aufnahme in die EG ihren Abschluß findet. Im selben Jahr wählen die Portugiesen Soares zum Staatspräsidenten.

Voll im Zeitgeschmack: Der Midimantel mit aufgesetzten Taschen für kalte Winter

*Gesellschaft*

**Der Streik der UNO-Angestellten** in Genf zeigt Erfolg. Er hat die Weltgemeinschaft lahmgelegt. Die UNO überdenkt ihre Ankündigung, ab 1. Januar 1978 die Gehälter um 17% zu kürzen, noch einmal.

*Wetter*

**Schnee bleibt Mangelware** bei der Durchschnittstemperatur von 3,0 °C im Dezember 1977. Die Niederschläge (38 mm) fallen meist als Regen.

# 1978

 *Gesellschaft*

**Die Elfenbeinjagd** ist in Kenia ab sofort verboten. Das afrikanische Land befürchtet eine rasche Ausrottung seiner Wildbestände. Im Jahr zuvor hat Uganda gemeldet, daß durch amerikanische und europäische Jäger die Zahl der Elefanten von 14 000 (1973) auf 2600 zurückgegangen ist. In Kenia und den anderen Staaten Afrikas beginnt die »wilde«, verbotene Jagd, die zeitweise bürgerkriegsähnliche Züge in den Wildparks annimmt.

**Preise in den 70er Jahren**

| | |
|---|---|
| 1 kg Butter | 8,36 |
| 1 kg Mehl | 1,16 |
| 1 kg Fleisch | 10,15 |
| 1 l Vollmilch | 1,06 |
| 1 Ei | 0,22 |
| 10 kg Kartoffeln | 6,44 |
| 1 kg Zucker | 1,65 |
| | |
| Stundenlohn | 10,40 |
| in DM, Stand 1975 | |

 *Kultur*

**Entspannung** zwischen dem Westen und China erleichtert die kulturellen Kontakte. Ein Austauschprogramm der BRD mit der Volksrepublik sichert den Berliner Philharmonikern eine Tournee für 1979 durch China.

 *Wetter*

**Weiß, klar, kalt und sonnig** erfüllt das Dezemberwetter 1978 alle Kinderwünsche. Bei durchschnittlich −0,6 °C fällt die Rekordmenge an Niederschlägen (94 mm) fast durchgängig als Schnee. Trotzdem zeigt sich die Sonne für 38 Stunden.

# 1979

## Freitag 7. Dezember

### Gesellschaft

**Der Ölskandal in Italien** erreicht mit der Entlassung von Giorgio Mazzantini, dem Chef des staatlichen Energiekonzerns ENI, seinen Höhepunkt. Mit seinem Wissen soll die ENI-Tochter AGIP saudi-arabische Unterhändler bestochen haben, um mehr Öl zu bekommen. Alle Erdöl exportierenden Länder haben bestimmte Förder- und Exportquoten, damit der Preis ihres wichtigsten Handelsproduktes nicht durch ein zu hohes Angebot fällt. Die saudischen Mehrlieferungen haben also zwar insgeheim das Angebot erhöht, sind aber zu »normal« hohen Preisen aus den Tanksäulen gelaufen – ein Gewinn für die ENI.

### Politik

**Die Familie von Schah Resa Pahlawi,** dem im Januar gestürzten Herrscher im Iran, ist nirgends sicher. In Paris wird ein Neffe des Schahs ermordet. Zu dem Attentat bekennen sich islamische Fundamentalisten, die mit dem neuen Regime in Teheran sympathisieren.

### Wetter

**Das Jahrzehnt verabschiedet sich** mit einem trüben Dezember. Mit 3,8 °C ist es zwar ungewöhnlich warm, aber es fallen auch 71 mm Niederschlag.

# 1980-1989

## Highlights des Jahrzehnts

### 1980

Golfkrieg zwischen Iran und Irak
Gründung einer neuen Bundespartei: »Die Grünen«
Bildung der polnischen Gewerkschaft »Solidarność«

### 1981

Attentate auf US-Präsident Ronald Reagan, den Papst und Ägyptens Staatschef Anwar As Sadat
Erster Start der wiederverwendbaren Raumfähre »Columbia«
In den USA werden die ersten Fälle von AIDS bekannt
Hochzeit des Jahres: Der britische Thronfolger Charles, Prince of Wales, heiratet Lady Diana

### 1982

Krieg um die Falkland-Inseln
Sozialliberale Koalition bricht auseinander; Helmut Kohl wird neuer Bundeskanzler
Selbstjustiz vor Gericht: der »Fall Bachmeier«
»E. T. – der Außerirdische« wird zum Kinohit

### 1983

US-Invasion auf Grenada
Skandal um gefälschte Hitler-Tagebücher
Aerobic wird in der Bundesrepublik populär

### 1984

Richard von Weizsäcker wird Bundespräsident
Ermordung von Indiens Ministerpräsidentin Indira Gandhi, Nachfolger wird ihr Sohn Rajiv Gandhi

### 1985

- Michail Gorbatschow wird neuer Kremlchef
- Sensation: Boris Becker siegt als erster Deutscher in Wimbledon
- »Live-Aid-Concert« für Afrika

### 1986

- Attentat auf Schwedens Ministerpräsident Olof Palme
- Katastrophe im Kernkraftwerk Tschernobyl
- Explosion der US-Raumfähre »Challenger«
- Premiere des Musicals »Cats« in Hamburg

### 1987

- Widerstand gegen Volkszählung
- Barschel-Affäre in Kiel
- Matthias Rust landet mit einem Sportflugzeug auf dem Roten Platz in Moskau

### 1988

- Atommüllskandal in Hessen
- Ende des Golfkriegs
- Geiseldrama von Gladbeck als Medienspektakel
- Dopingskandal überschattet Olympische Spiele in Seoul
- Reagan und Gorbatschow vereinbaren Verschrottung atomarer Mittelstreckenraketen

### 1989

- Die DDR öffnet ihre Grenzen
- Blutbad auf dem Platz des Himmlischen Friedens in Peking
- Demokratisierungskurs im gesamten Ostblock
- »Exxon Valdez«: Ölpest vor Alaska

**Jüngster Wimbledon-Sieger aller Zeiten: Der 17jährige Boris Becker 1985**

# 1980

*Sonntag* **7.** *Dezember*

  *Sport*

**Als erstes Ostblockland** kann die Tschechoslowakei den Davis-Cup gewinnen. Italien unterliegt in Prag mit 4:1. In den letzten Jahren haben sich mehrere Spieler der Tschechoslowakei einen Namen im »weißen« Sport gemacht: Ivan Lendl wird in den 80ern Weltranglistenerster, Miloslav Mecir gilt als Riesentalent, soll aber lieber angeln als trainieren, und Martina Navratilova, eine der faszinierendsten Spielerinnen aller Zeiten, lebt schon in den USA.

🌐 *Politik*

**Der Iran** will seinen Ruf im Westen verbessern. Staatspräsident Banisadr entläßt den Obersten Richter Khalkhali, weil er für Folterungen von Häftlingen verantwortlich sein soll. Seit der Islamischen Revolution 1979 steht der Iran wegen Todesurteilen und Menschenrechtsvergehen im Westen auf der roten Liste. Die Entlassung des Richters ändert aber nichts an der Justizpolitik des Landes, die weiterhin eine extrem harte Linie gemäß den harten Strafen in der Scharia verfolgt.

  *Wetter*

**Der Dezember 1980** ist recht mild. Die Temperaturen um 1,5 °C liegen deutlich über dem langjährigen Durchschnittswert von 0,7 °C. Es regnet viel.

## 1981

*Montag* **7.** *Dezember*

**Vierzig Jahre nach seinen Verbrechen** holt den SS-Führer Arpad Wiegand seine Vergangenheit ein. Das Landgericht Hamburg verurteilt ihn wegen Beihilfe zum Mord zu zwölfeinhalb Jahren Haft. Dieses Verfahren war – wie alle anderen laufenden Ermittlungen über NS-Verbrechen – überhaupt nur möglich, weil der Bundestag 1979 die Verjährung für Mord beseitigte. Um NS-Gewalttaten sicher von der Verjährung auszunehmen, wurde der Strafverfall für alle Morddelikte aufgehoben.

*Gesellschaft*

**Militante Schiiten** kapern eine libysche Verkehrsmaschine. Nach der Landung in Beirut geben sie am Mittwoch auf. Sie wollen auf die Unterdrückung der Schiiten durch das Gaddhafi-Regime in Libyen aufmerksam machen.

### Preise in den 80er Jahren

| | |
|---|---|
| 1 kg Butter | 9,44 |
| 1 kg Mehl | 1,36 |
| 1 kg Fleisch | 11,83 |
| 1 l Vollmilch | 1,22 |
| 1 Ei | 0,26 |
| 10 kg Kartoffeln | 8,84 |
| 1 kg Zucker | 1,94 |
| | |
| Stundenlohn | 17,23 |

in DM, Stand 1985

*Wetter*

**Kalt und schneereich** ist der Dezember 1981. −2,7 °C zeigt das Thermometer durchschnittlich – mehr als drei Grad weniger als gewöhnlich. Dabei fallen die 66 mm Niederschlag meist als Schnee.

# 1982

 *Gesellschaft*

**Erfolg hat die Westberliner Polizei** bei der Zerschlagung einer sich bildenden rechtsextremen Terrororganisation. 29 Personen werden bei einer großangelegten Razzia gegen die »Deutsche Arbeiterjugend« dingfest gemacht, die dabei war, eine bewaffnete Untergrundarmee aufzustellen. Der Rechtsextremismus in Westdeutschland wächst bereits vor der Wiedervereinigung stark an, auch wenn erst ab 1989/90 die große Welle ausländerfeindlicher Exzesse und Morde losbricht.

 *Gesellschaft*

**Ein schwarzer Tag** für die Gegner der Todesstrafe: In Texas wird die erste Exekution überhaupt mit einer Giftspritze ausgeführt. Die Verteidiger der Todesstrafe loben dies als Fortschritt, denn die Spritze sei »hygienischer« und »humaner« als etwa der elektrische Stuhl. Zur Zeit sitzen etwa 1100 Menschen in den USA in den Todeszellen und warten auf ihre Hinrichtung – unter ihnen 13 Frauen.

 *Wetter*

**Viele fast frühlingshafte Tage** bringt der Dezember 1982. Durch 45 Sonnenstunden erreicht die Durchschnittstemperatur 2,6 °C. Sie liegt damit 1,9 °C über dem langjährigen Mittel.

*Mittwoch 7. Dezember*

*Politik*

**Hongkong soll kapitalistisch bleiben**, so verspricht es eine Mitteilung der Regierung der kommunistischen Volksrepublik China. Die britische Kronkolonie wird 1997 an China zurückgegeben, weil der 99jährige Pachtvertrag ausläuft. Die Bekundungen der chinesischen Führung gewinnen in den 80er Jahren an Glaubwürdigkeit, als China selbst einige sehr kapitalistisch anmutende Reformen durchführt.

**Stars der 80er Jahre**

**Richard Gere**
Filmschauspieler
**Madonna**
Sängerin
**Harrison Ford**
Filmschauspieler
**Jodie Foster**
Filmschauspielerin
**Michael Jackson**
Sänger

*Politik*

**Jasir Arafat erhält Hilfe von Griechenland,** das den mit 4000 Kämpfern im Nordlibanon eingeschlossenen PLO-Chef auf dem Seeweg in Sicherheit bringt. Er war von rebellierenden Anhängern eingeschlossen worden, die seinen vorsichtigen, aber zukunftsweisenden Kompromißkurs gegenüber Israel nicht teilen.

*Wetter*

**Kaum besondere Vorkommnisse** meldet der Wetterbericht Dezember 1983. Mit 0,7 °C liegt das Monatsmittel voll im langjährigen Durchschnitt.

*Freitag 7. Dezember*

*Gesellschaft*

**Mit Blumen und Streit** beginnt in Hamburg der Bundeskongreß der Grünen. Die alternative Öko-Partei, die 1979 zum ersten Mal in ein Landesparlament (Bremen) gelangte, sieht sich mit den Problemen der Macht konfrontiert. Vor einigen Wochen ist die erste Quasi-Koalition mit der SPD in Hessen geplatzt. Die Partei droht zwischen »Realos« und »Fundis« zu zerbrechen: Die einen wollen von hehren Zielen wie dem Atomausstieg Abstriche machen, um Teilergebnisse zu erzielen. Die anderen bestehen auf einem »Alles-oder-nichts-Prinzip«, das die SPD nicht mitmachen kann. Trotz der Konflikte halten die Wähler den Grünen noch die Stange. Bei den Europawahlen 1984 sind sie mit 8% die großen Sieger.

*Politik*

**Wolfgang Schäuble** beendet seinen Arbeitsbesuch in der DDR. Der CDU-Politiker ist frischer Chef des Bundeskanzleramtes.

*Wetter*

**Wolken, aber wenig Niederschlag** bringt der Dezember 1984. Die Sonne zeigt sich etwas seltener als gewöhnlich, und auch die Niederschlagsmenge (29 mm) liegt unter dem Schnitt (41 mm).

*Samstag 7. Dezember*

---

*Politik*

**Der Nahost-Konflikt** erreicht Europas Straßen: In Paris werden die Kaufhäuser Galeries Lafayette und Printemps von Bomben zerstört. 35 Menschen werden verletzt. Die Hisbollah, eine radikal-islamische Terrororganisation, bekennt sich zu den Gewalttaten. Ihr Schwerpunkt liegt im Libanon, das mit Frankreich wegen seiner kolonialen Vergangenheit eng verbunden ist. Im libanesischen Bürgerkrieg unterstützt Paris die christlichen Milizen. Mehrfach haben islamische Fundamentalisten mit Terroranschlägen in Europa gedroht.

---

*Politik*

**Willy Brandts Polenbesuch** wird von der Bevölkerung mit allergrößter Aufmerksamkeit verfolgt. Der frühere Bundeskanzler hat durch seinen Kniefall vor dem Ehrenmal für die Opfer des Warschauer Ghettos 1970 den Respekt der Polen gewonnen. Politisch ist sein Besuch umstritten, da Polen seit 1981 die Demokratiebewegung unterdrückt.

---

*Wetter*

**Ideales Grippewetter** beschert der Dezember 1985. Die Durchschnittstemperatur von 4,2 °C liegt 3,5 Grad höher, als zu erwarten ist. Dabei fallen 63 mm Regen – 22 mm mehr als gewöhnlich.

# 1986

*Sonntag 7. Dezember*

## Gesellschaft

**In den Schweizer Alpen** können schwere LKWs weiter für wenig Geld Krach machen. Die Bevölkerung spricht sich in einer Volksabstimmung deutlich gegen eine Gebührenerhöhung für den Schwerverkehr aus. Die Gegner haben geschickt vermittelt, daß alle Waren teurer würden, da das Bahnnetz in dem gebirgigen Land die Aufgaben nicht bewältigen könnte.

### Rekorde in den 80er Jahren

**1500 m:** S. Aouita (MAR) – 3:29,46 min (1985)
**Stabhochsprung:** Sergej Bubka (URS) – 6,00 m (1985)
**100 m:** Florence Griffith (USA) – 10,49 sec (1988)
**Hochsprung:** Javier Sotomayor (CUB) – 2,44 m (1989)

## Sport

**Das junge Ski-As** Markus Wasmeier holt sich mit gerade 23 Jahren den dritten Weltcup-Sieg seiner Laufbahn. Er ist im Super-Riesenslalom von Val d'Isère nicht zu schlagen. Nach einer nun einsetzenden Durststrecke gelingt Wasmeier die Krönung seiner Laufbahn bei den Olympischen Spielen in Lillehammer 1994, wo er in Super-G und Riesenslalom Gold holt.

## Wetter

**Regen und Schneestürme** prägen den Dezember 1986. 117 mm bedeuten fast dreimal soviel Niederschlag wie im langjährigen Mittel (41 mm).

# 1987

*Montag 7. Dezember*

*Politik*

**Michail Gorbatschow** besucht Großbritannien und trifft in London die »Eiserne Lady«, Premierministerin Margaret Thatcher. Die Konservative geht mit dem sowjetischen Reformer distanziert um. Sie traut der Gorbi-Manie in Europa nicht und macht bisweilen deutlich, daß hinter den Liberalisierungen in der UdSSR das größte Täuschungsmanöver der Geschichte stehen könnte.

*Politik*

**Die Bespitzelung** von Mitgliedern der Alternativen Liste, einer Art grünen Partei in Westberlin, muß die CDU heute zugeben. Das Mißtrauen der Konservativen wirkt auf Dauer wie Werbung für die Alternativen: Bei den Wahlen 1989 erreichen sie über 11% und bilden mit der SPD eine neue Regierung.

*Wetter*

**Fast normal** gibt sich der Dezember 1987. Statt des langjährigen Mittels von 41 mm Niederschlag und 36 Stunden Sonnenschein fallen nur 33 mm bei 36 Stunden Sonne.

Unglaubliches widerfährt dem Norweger Jan Egil Refsdahl. Der Fischer fällt ins eisige Meerwasser und erleidet einen Herzstillstand. Im Krankenhaus wird er an eine Herz-Lungenmaschine angeschlossen, doch erst nach vier Stunden schlägt sein eigenes Herz wieder. Es ist der längste bekannte Herzstillstand überhaupt.

*Politik*

**Eine Sensation** bedeutet die Rede des sowjetischen Staatschefs Michail Gorbatschow vor der UNO-Vollversammlung. Um das Mißtrauen gegen seine Politik im Westen abzubauen, kündigt er eine einseitige Abrüstung der Roten Armee an. Eine halbe Million Soldaten will Gorbatschow nach Hause schicken, dazu 10 000 Panzer und 800 Flugzeuge verschrotten lassen. Tatsächlich kann sich die Sowjetunion den Rüstungswettlauf mit den Amerikanern auch nicht mehr leisten.

 *Politik*

**Hilfeleistungen aus aller Welt** sollen der Erdbebenregion im Kaukasus zukommen, wo bei einem extrem schweren Beben 25 000 Menschen gestorben sind. Bereits wenige Stunden später treffen erste Flugzeuge mit Lebensmitteln und Zelten ein.

Auffällig unauffällig: So stellt sich die lässige Frau der 80er ihre Mode zusammen

 *Wetter*

**Novemberwetter** mit mehr Regen (59 mm) und weniger Sonne als normal (32 statt 36 Stunden) bringt der Dezember 1988. Dabei ist es mit 3,4 °C auch viel zu warm.

*Donnerstag 7. Dezember*

*Politik*

**Das Aus für die Stasi ist perfekt:** Am runden Tisch in Ostberlin einigen sich einen knappen Monat nach dem Fall der Mauer die oppositionellen Menschenrechtsgruppen und die Regierung auf die Auflösung des Staatssicherheitsdienstes. Er hinterläßt 202 km Akten, in denen Informationen über sechs Millionen DDR-Bürger enthalten sind.

*Technik*

**Es soll ab 1991 überall klingeln,** wenn es nach der Mannesmann AG geht. Der Konzern erhält von Bundespostminister Schwarz-Schilling die Lizenz zum Aufbau des D2-Netzes. Zusammen mit dem D1-Netz der Telekom müssen ungefähr 9 Mrd. DM in das drahtlose Telefonnetz gesteckt werden. Daher ist mobiles Telefonieren teurer. Trotzdem ist in den 90ern nichts so »trendy« wie ein »Handy«.

Leger und bequem: Herrenmode im Oversize-Stil mit Jackenmantel

*Wetter*

**Wie in den Vormonaten** ist es auch im Dezember 1989 mild: 2,7 °C im Monatsschnitt bedeuten eine Abweichung von zwei Grad nach oben.

# 1990-1996

## Highlights des Jahrzehnts

············ *1990* ············

- Wiedervereinigung Deutschlands
- Südafrika: Nelson Mandela nach 27jähriger Haft freigelassen
- Irakische Truppen überfallen das Emirat Kuwait
- Gewerkschaftsführer Lech Walesa neuer polnischer Präsident
- Litauen erklärt Unabhängigkeit
- Deutsche Fußballnationalelf zum dritten Mal Weltmeister
- Star-Tenöre Carreras, Domingo und Pavarotti treten gemeinsam auf

············ *1991* ············

- Alliierte befreien Kuwait und beenden Golfkrieg
- Auflösung des Warschauer Pakts
- Bürgerkrieg in Jugoslawien
- Auflösung der Sowjetunion – Gründung der GUS
- Sensationeller archäologischer Fund: »Ötzi«
- Vertrag von Maastricht
- Sieben Oscars für Kevin Costners »Der mit dem Wolf tanzt«
- Bürgerkrieg in Somalia
- Frieden im Libanon

············ *1992* ············

- Abschaffung der Apartheid-Politik in Südafrika
- Entsendung von UNO-Blauhelmsoldaten nach Jugoslawien
- Tod des ehemaligen Bundeskanzlers Willy Brandt
- Bill Clinton zum 42. US-Präsidenten gewählt
- In Hamburg wird mit Maria Jepsen zum ersten Mal eine Frau Bischöfin
- Fertigstellung des Rhein-Main-Donau-Kanals

············ *1993* ············

- Teilung der ČSFR in die Tschechische und die Slowakische Republik
- Rechtsradikale Gewalttakte gegen Ausländer
- Gaza-Jericho-Abkommen zwischen Israel und der PLO
- Skandal um HIV-Blutplasma
- Einführung von fünfstelligen Postleitzahlen im Bundesgebiet
- Sexskandal um Pop-Star Michael Jackson

············ *1994* ············

- Nelson Mandela erster schwarzer Präsident Südafrikas
- Fertigstellung des Eurotunnels unter dem Ärmelkanal
- Über 900 Todesopfer beim Untergang der Fähre »Estonia«
- Abzug der letzten russischen Truppen aus Berlin
- Michael Schumacher erster deutscher Formel-1-Weltmeister

············ *1995* ············

- Weltweite Proteste gegen französische Atomversuche im Pazifik
- Giftgasanschlag in Tokio
- Einführung von Pflegeversicherung und Solidaritätszuschlag
- Verpackungskünstler Christo verhüllt den Berliner Reichstag
- Ermordung des israelischen Regierungschefs Yitzhak Rabin
- Friedensvertrag für Bosnien

············ *1996* ············

- Arafat gewinnt Wahlen in Palästina
- IRA kündigt Waffenstillstand auf
- 100 Jahre Olympia: Jubiläumsspiele der Superlative in Atlanta

◀ **Der Präsident spielt Saxophon: Bill Clinton feiert 1993 die Amtseinführung**

*Freitag 7. Dezember*

 *Politik*

**Seit 46 Jahren** hat Bulgarien erstmals einen nicht-kommunistischen Regierungschef: Präsident Schelew ernennt den parteilosen Dimitar Popow zum Ministerpräsidenten. Das Ostblockland geht die Bewältigung der Vergangenheit ausgesprochen entschieden an. 1992 werden der frühere Präsident Schiwkow und mehrere Minister zu Haftstrafen verurteilt. Weitere Prozesse gegen die alte Nomenklatura, die sich maßlos bereichert hat, folgen.

 *Politik*

**Amerikaner und Europäer** können sich bei den GATT-Verhandlungen in Brüssel mal wieder nicht einigen. Seit Jahren streiten USA und EG über die Agrarwirtschaft, da die Amerikaner die Geldunterstützung der europäischen Staaten für die Bauern als Benachteiligung sehen. Amerikanische Produkte, die ohne Subventionen auskommen, sind häufig teurer und haben auf dem EG-Markt keine Chance.

 *Wetter*

**Viel Feuchtigkeit** bringt der Dezember 1990 mit seinen 73 mm Niederschlag, die den Normalwert (41 mm) deutlich überbieten. Bei einer Durchschnittstemperatur von 1,1 °C mischen sich Regen, Eisregen und Schnee.

*Samstag 7. Dezember*

## Politik

**Die Einheit der Grünen** ist dahin. 300 »Fundis« gründen in Frankfurt die Ökologische Liste/Alternative Liste. Prominentestes Mitglied ist Jutta Ditfurth, die auf dem Parteitag der Grünen im Sommer Abschied von der alternativen Mutterpartei genommen hat. Die »Realos« in der Partei, die in Koalitionen mit der SPD ihre Ziele verwirklichen wollen, haben sich durchgesetzt.

## Gesellschaft

**Die Akten des Maxwell-Imperiums** werden sichergestellt, um die Firmenstruktur zu durchschauen. Der große Organisator und Konzern-Vater Robert Maxwell ist vor einem Monat auf mysteriöse Weise gestorben. Die Banken und andere Kreditgeber müssen das Chaos der Firmenverflechtungen beseitigen, da Maxwell 1,5 Mrd. Pfund Schulden hat.

### Preise in den 90er Jahren

| | |
|---|---|
| 1 kg Butter | 8,20 |
| 1 kg Mehl | 1,21 |
| 1 kg Fleisch | 12,85 |
| 1 l Vollmilch | 1,33 |
| 1 Ei | 0,27 |
| 10 kg Kartoffeln | 10,30 |
| 1 kg Zucker | 1,92 |
| Stundenlohn | 24,91 |

in DM, Stand 1993

## Wetter

**Sehr wechselhaft** gebärdet sich der Dezember 1991. Die 73 mm Niederschlag übersteigen das langjährige Mittel von 43 mm ebenso deutlich wie die Sonnenscheindauer mit 54 (statt 36) Stunden.

# 1992

*Montag 7. Dezember*

### *Sport*

**Einen denkwürdigen Rekord** erzielt das US-Tennis-Team mit seinem 3:1 im Davis-Cup über die Schweiz. Es ist der 30. Sieg von US-Amerikanern in der inoffiziellen Tennis-Mannschafts-Weltmeisterschaft, die seit 1900 ausgetragen wird. Der größte Konkurrent Australien ist mit 25 Siegen fürs erste abgeschlagen.

### *Technik*

**Eine amerikanische Geheimentwicklung,** die seit Jahren die Gerüchteküche belebt, wird offiziell bestätigt. Ein »Aurora« genanntes Flugzeug soll binnen drei Stunden jeden Ort der Welt erreichen können. Es fliegt in 30 km Höhe und ist mit einer Spitze von 8800 km/h mehr als doppelt so schnell wie alle anderen.

Krawatte ist kein Muß mehr: Anzug mit zweireihigem Sakko

### *Wetter*

**Sonnig beginnt der Dezember** 1992, um regnerisch zu enden. Daher liegen sowohl die Niederschlagsmenge (60 mm) als auch die Sonnenscheindauer (55 Stunden) weit über »normal«.

*Dienstag 7. Dezember*

---

*Technik*

**Astronauten retten 3,6 Mrd. Dollar:** Soviel hat das »Hubble«-Weltraumteleskop gekostet, das theoretisch 14 Millionen Lichtjahre weit ins Universum blicken kann. Praktisch waren es nur 4 Millionen, weil im »Hubble« eine Linse nicht sauber geschliffen war. Die Besatzung der NASA-Raumfähre »Endeavour« beginnt nun mit den Reparaturen. Ihr Erfolg belegt den Stand der Technik und zeigt, daß es möglich ist, das geplante »Skylab«-Weltraumlabor im All zu bauen.

Für die heißen Sommer der 90er Jahre: Kleid mit Bustieroberteil

---

*Gesellschaft*

**Südafrikas Apartheidssystem** ist im Grunde zu Ende: Der »gemischtrassische« Exekutivrat nimmt seine Arbeit auf. Er arbeitet quasi als Übergangsregierung bis zu den Wahlen 1994, aus denen der ANC und Nelson Mandela als Sieger hervorgehen.

---

*Wetter*

**Mild und feucht** präsentiert sich das Dezemberwetter 1993. Die Temperaturen um 3,8 °C liegen weit über dem Mittel von 0,7 °C.

*Mittwoch 7. Dezember*

 *Gesellschaft*

**Der Hungerstreik der PDS-Spitze** endet mit der Gerichtsentscheidung, daß die SED-Nachfolgepartei die 67 Mio. DM Altschulden nicht aus ihrem augenblicklichen Parteivermögen zahlen muß. Angeblich sollen SED/PDS-Besitzungen 1990 über 134 Mio. DM Gewinne erwirtschaftet haben. Das ergibt 67 Mio. DM zu zahlende Steuern.

**Stars der 90er Jahre**

**Kevin Costner**
Filmschauspieler
**Julia Roberts**
Filmschauspielerin
**Whitney Houston**
Sängerin
**Michael Schumacher**
Rennfahrer
**Luciano Pavarotti**
Sänger

 *Politik*

**Schlimm steht es um den deutschen Wald.** Der alljährliche Waldschadensbericht gibt die alarmierende Meldung aus, daß 64% aller deutschen Bäume krank sind. Die Diskussionen um Maßnahmen gegen den sauren Regen sind heftig, bleiben aber ohne klare Ergebnisse. Tempolimits und schärfere Normen für die Industrie werden abgelehnt.

 *Wetter*

**Außergewöhnlich sonnig** fällt der Dezember in diesem Jahr aus. Er bietet 63 Sonnenstunden – fast doppelt so viele wie gewöhnlich. Dabei klettern die Temperaturen auf einen Monatsschnitt von 3,8 °C.

## Technik

**Nach mehr als sechs Jahren Flugzeit** erreicht die deutsch-amerikanische Weltraumsonde »Galileo« den Jupiter. 3,7 Mrd. km hat der Flugkörper zurückgelegt. Die Ankunft klappt perfekt: »Galileo« setzt eine Tochtersonde, die »Probe«, aus, die an einem Fallschirm auf Jupiter hinabsinkt. Während des 75minütigen Abstiegs sendet »Probe« ununterbrochen Daten zu »Galileo«, von wo sie zur Erde abgehen. Zwei Jahre lang wird »Galileo« den Planeten auskundschaften. Insgesamt 2,25 Milliarden DM kostet die Mission.

## Politik

**Nur mäßigen Beifall** ernten die Verhandlungsführer der 24 wichtigsten Industrieländer, die bei ihrer Konferenz in Wien bekanntgeben, »bereits« 2020 den Ozonkiller H-FCKW verbieten zu wollen. Bisher hatte man 2030 ins Auge gefaßt.

### Rekorde in den 90er Jahren

**Weitsprung:** Mike Powell (USA) – 8,95 m (1991)

**110 m Hürden:** Colin Jackson (USA) – 12,91 sec (1993)

**Skifliegen:** E. Bredesen (NOR) – 209 m (1994)

**Dreisprung:** J. Edwards (GBR) – 18,29 m (1995)

## Wetter

**Den ersten richtigen Winter** seit fast 10 Jahren leitet der Dezember 1995 mit einem Temperaturschnitt von –2,8 °C ein.

Sonntag 7. Dezember

## Pietro Mascagni

### *7.12.1863 Livorno

Das Alltägliche – existierende soziale Probleme – in der Oper zur Geltung zu bringen, war das Anliegen des italienischen Komponisten. Im Mai 1890 erlebte das Publikum im römischen Teatro Costanzi mit der Oper »Cavalleria rusticana« die Realisierung dieser Vision: Der »Verismo«, die »wahrhaftige Realität« hielt Einzug auf der Opernbühne. Figuren aus unteren und bürgerlichen Schichten trugen die Handlung. Mascagni krönte seine Laufbahn als Direktor der Mailänder Scala 1929; er starb am 2. August 1945 in Rom.

## Mário Soares

**\*7.12.1924 Lissabon**

Überzeugter Demokrat, wurde der portugiesische Politiker Vater des modernen, demokratischen Portugal. Als die »Nelkenrevolution« 1974 die Salazar-Diktatur beendete, kehrte Soares aus dem Exil zurück. Der Begründer der Sozialistischen Partei PSP stabilisierte als zweimaliger Ministerpräsident von 1976–78 und 1983–85 das parlamentarische System in dem iberischen Land. Im Ausland gewann er soviel Vertrauen für Portugal, daß es bereits 1986 in die EG aufgenommen wurde. Seit 1986 ist Soares Staatspräsident.

## Ellen Burstyn

### *7.12.1932 Detroit

»Der Exorzist« verhalf der amerikanischen Schauspielerin 1973 zum Durchbruch, obwohl sie bereits zwei Jahre zuvor für ihr wundervolles Spiel in »The Last Picture Show« für den Oscar nominiert worden war. Die begehrte Trophäe erhielt sie schließlich für »Alice lebt hier nicht mehr« 1974. Heute ist es etwas ruhiger um Burstyn geworden, die als wählerisch in ihren Engagements gilt. Ähnlich verhält es sich bei ihr offenbar mit Ehemännern: Drei geschiedene Ehen sind selbst für Hollywood schon überdurchschnittlich.

*Mittwoch 7. Dezember*

## Tom Waits

**\*7.12.1949 Pomona/Kalifornien**

Seine Stimme klingt, als halte er sich ausschließlich an den bevorzugten Schauplätzen seiner Songtexte auf: In rauchigen Bars, whiskeyausdünstenden Hinterhofkneipen oder regennassen Gossen. Nur wenige Musiker verfügen über einen ähnlichen Einfallsreichtum wie Tom Waits, der Balladen genauso souverän beherrscht wie laute Stücke oder experimentelle Lautspielereien. Weit vor Rod Stewart hat er »Waltzing Matilda« ausgegraben und sich mit einer Paradeleistung als völlig fertiger Discjockey in »Down by Law« 1986 als Schauspieler profiliert.

*Samstag 7. Dezember*

## *Claudia Brücken*

### *7.12.1963 Düsseldorf

Harte elektronische Musik ist die Heimat der deutschen Musikerin. Angefangen hat sie bei den Düsseldorfer »Topolinos«. 1982 gründete sie mit Michael Mertens die Band »Propaganda«. »Dr. Mabuse«, »Eye to Eye« und »P-Machinery« waren 1984/85 die größten Erfolge. Für Claudia Brücken brachte der Aufstieg von »Propaganda« nicht nur im Musikalischen neue Erfahrungen: Sie heiratete mit Paul Morley einen der Produzenten der Band. Nach ihrem Ausstieg bei »Propaganda« gründete sie mit Thomas Leer »Act«.

# *Impressum*

© Chronik Verlag
im Bertelsmann Lexikon Verlag GmbH, Gütersloh/München 1996

| | |
|---|---|
| Autor: | Michael Venhoff, Sonsbeck-Labbeck |
| Redaktion: | Manfred Brocks, Dortmund |
| Bildredaktion: | Sonja Rudowicz |
| Umschlaggestaltung und Layout: | Pro Design, München |
| Satz: | Böcking & Sander, Bochum |
| Druck: | Brepols, Turnhout |

Abbildungsnachweis: Bildarchiv Engelmeier, München: 130; Interfoto, München: 128; Keystone, Hamburg: 129; Public Address, Hamburg: 131, 132.
Modefotos 1900-30er Jahre, Damenmode 40er Jahre, Damenmode 50er Jahre: Bertelsmann Lexikon Verlag, Gütersloh; Modefotos Herrenmode 40er Jahre, Herrenmode 50er Jahre, 60er-90er Jahre: Prof. Dr. Ingrid Loschek, Boxford.
Alle übrigen Abbildungen: Bettmann Archive/UPI/Reuters/John Springer Coll., New York.

Trotz größter Sorgfalt konnten die Urheber des Bildmaterials nicht in allen Fällen ermittelt werden. Wir bitten gegebenenfalls um Mitteilung.

Das Werk einschließlich seiner Teile ist urheberrechtlich geschützt. Jede Verwertung außerhalb der engen Grenzen des Urheberrechtsgesetzes ist ohne Zustimmung des Verlags unzulässig und strafbar. Das gilt insbesondere für Vervielfältigungen, Übersetzungen, Mikroverfilmungen und die Einspeicherung und Verarbeitung in elektronischen Systemen.

ISBN 3-577-31207-6

*Bücher
aus dem
Chronik Verlag
sind immer
ein persönliches
Geschenk*

**Chronik**
Verlag

Individuelle Bücher – für jeden Tag des Jahres eines. Mit allen wichtigen Ereignissen, die sich genau an diesem besonderen Tag während der Jahre unseres Jahrhunderts zugetragen haben. Doch trotz all der großen Ereignisse des Weltgeschehens – es gibt immer auch persönlich wichtige Daten für jeden einzelnen Menschen, sei es ein Geburtstag, Hochzeitstag, Erinnerungstag, oder der Tag, an dem eine entscheidende Prüfung bestanden wurde. So wird aus einem Tag im Spiegel des Jahrhunderts zugleich auch ein »persönlicher« Tag. Und endlich gibt es für all diese Anlässe das richtige Buch, das passende Geschenk!

*Persönliches Horoskop*

Was sagen die Sterne zu den jeweiligen Tagen? Außerdem erfahren Sie, welche bekannten Menschen unter dem gleichen Sternzeichen geboren wurden.

Hier erfahren Sie, was genau diesen Tag zu einem
ganz besonderen Tag macht.

*Die Ereignisse des Tages im Spiegel des Jahrhunderts*

Von 1900 bis zur Gegenwart werden die Fakten
des Weltgeschehens berichtet, pro Jahr auf einer
Seite! Mit Beginn jedes Jahrzehnts wird die Dekade
kurz in der Übersicht dargestellt. Aufgelockert sind
die Fakten durch viele Abbildungen und Illu-
strationen.

*Geburtstage berühmter
Persönlichkeiten*

Berühmte Personen, die an
diesem besonderen Tag Ge-
burtstag haben, finden sich
mit ihrem Porträt und kurzer Biographie wieder.

*Die persönliche Chronik*

366 individuelle Bände
je 136 Seiten mit
zahlreichen Abbildungen
Gebunden

In allen Buchhandlungen

| |
|---|
| 1900 |
| 1913 |
| 1914 |
| 1915 |
| 1916 |
| 1917 |
| 1918 |
| 1919 |
| 1920 |
| 1921 |
| 1922 |
| 1923 |
| 1924 |
| 1925 |
| 1926 |
| 1927 |
| 1928 |
| 1929 |
| 1930 |
| 1931 |
| 1932 |
| 1933 |
| 1934 |
| 1935 |
| 1936 |
| 1937 |
| 1938 |
| 1941 |
| 1942 |
| 1943 |
| 1944 |
| 1945 |
| 1946 |
| 1947 |
| 1948 |
| 1949 |
| 1950 |
| 1954 |
| 1957 |
| 1958 |
| 1959 |
| 1961 |
| 1939 |

Die »Chronik-Bibliothek« ist die umfassende Dokumentation unseres Jahrhunderts. Für jedes Jahr gibt es einen eigenen, umfangreichen und zahlreich – überwiegend farbig – bebilderten Band. Tag für Tag wird dabei das Weltgeschehen in Wort und Bild nachgezeichnet – jetzt lückenlos bis an die Gegenwart. Sie können das jeweilige Jahr in chronologischer Folge an sich vorüberziehen lassen, aber die »Chronik« auch als Nachschlagewerk oder als Lesebuch benutzen. Ein prachtvolles Geschenk – nicht nur für Jubilare. Und wer die »Chronik-Bibliothek« sammelt, erhält ein Dokumentationssystem, wie es in dieser Dichte und Genauigkeit sonst nicht zu haben ist.

**»Chronik-Bibliothek« des 20. Jahrhunderts**
Je Band 240 Seiten
600-800 überwiegend farbige Abbildungen
sowie zahlreiche Karten und Grafiken
12 Monatskalendarien mit mehr als
1000 Einträgen, circa 400 Einzelartikel,
20 thematische Übersichtsartikel
Anhang mit Statistiken, Nekrolog und Register
Ganzleinen mit Schutzumschlag

In allen Buchhandlungen

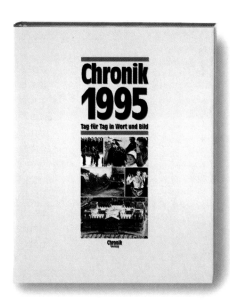